此书乃国家社会科学基金一般项目《中央与地方政府权责划分的模式转换及其法治对策研究》（编号17BFX037）的最终成果

光明社科文库
GUANGMING DAILY PRESS:
A SOCIAL SCIENCE SERIES

·法律与社会书系·

央地权责划分的模式改进及其法治进路

朱丘祥 | 著

光明日报出版社

图书在版编目（CIP）数据

央地权责划分的模式改进及其法治进路／朱丘祥著．－－北京：光明日报出版社，2024.4
ISBN 978-7-5194-7640-3

Ⅰ.①央… Ⅱ.①朱… Ⅲ.①行政管理—政治制度—研究—中国 Ⅳ.①D63

中国国家版本馆CIP数据核字（2023）第229210号

央地权责划分的模式改进及其法治进路
YANGDI QUANZE HUAFEN DE MOSHI GAIJIN JIQI FAZHI JINLU

著　　者：朱丘祥	
责任编辑：许　怡	责任校对：王　娟　贾　丹
封面设计：中联华文	责任印制：曹　净

出版发行：光明日报出版社
地　　址：北京市西城区永安路106号，100050
电　　话：010-63169890（咨询），010-63131930（邮购）
传　　真：010-63131930
网　　址：http://book.gmw.cn
E-mail：gmrbcbs@gmw.cn
法律顾问：北京市兰台律师事务所龚柳方律师
印　　刷：三河市华东印刷有限公司
装　　订：三河市华东印刷有限公司
本书如有破损、缺页、装订错误，请与本社联系调换，电话：010-63131930

开　　本：170mm×240mm
字　　数：194千字　　　　　　　印　　张：13.5
版　　次：2024年4月第1版　　　印　　次：2024年4月第1次印刷
书　　号：ISBN 978-7-5194-7640-3
定　　价：89.00元

版权所有　翻印必究

自 序

央地关系的规范调整无疑是国家治理现代化的重要内容，也是中国特色社会主义法治国家建设的核心任务之一。在社会主义市场经济体制背景下，众所周知，国家提供的公共服务与产品具有层级性的特点，国家需要在央地之间形成事权和支出责任划分与其财权、财力相匹配的科学、稳定的法治关系。然而，长期以来，我国央地间权责划分呈现出"中央决策、地方执行"的委托代理模式特征。其现实的挑战正日益加剧：一方面，中央决策依靠地方执行，由于信息不对称，地方会滋生欺下瞒上的现象，越到基层，选择性执法越严重，国家法律和中央政策的统一意志及权威并没有得到充分实现；另一方面，国家过于强调政府间的委托代理性质，不但不能很好地维护和保障地方的正当利益，而且导致公共支出责任层层往下压，公共产品供应的地区差异悬殊，并使得地方债务像滚雪球般越来越多，潜藏巨大的财政危机和社会风险。时代的呼唤需要转换模式、调整体制、创新机制。

鉴于此，近年来，党和国家在中央与地方事权和支出责任划分方面的改革明显加速。2018年中共十九届三中全会公报明确提出，要"赋予省级及以下机构更多自主权，合理设置和配置各层级机构及其职能，增强地方治理能力"。2019年中共十九届四中全会通过的《中共中央关于坚持和完善中国特色社会主义制度、推进国家治理体系和治理能力现代化若干重大问题的决定》进一步指出："赋予地方更多自主权，支持地方创造性开展工作。"2020年10月《中共中央关于制定国民经济和社会发展第十四个五年规划和二〇三五年远景目标的建议》中提出："明确中央和地方政府事权与支出责任，健全省以下财政体制，增强基层公共服务保障能力。"这些重要论断都突显了国家整体视域中地方应有的地位和功能，把中央与地方财政关系改革摆在整个制度改革的首要地位，更加突出了央地事权划分作为全面深化改革突破口的重要价值。现在，我们有必要在既有成就的基础上，通过深化改革并完善立法，进一步明确政府间事权划分，制定事权和支出责任相适应的新制度。

通常来说，法学研究作为围绕法律规范和法律制度展开的规范研究，首先要做好法律规范的实证分析，用法教义学方法准确阐释既有法律规范的含义、结构和功能目的；然后再进行法律社会学实证分析，全面认识法的实践效果和问题症结；最后又回到法的价值与规范重构中，揭示法律进化的可能方向。对于法学的规范分析来说，严格区分事实和价值是其方法论的基础，固然，事实如此，并非一定应该如此，但反过来说，之所以应该如此，肯定有其事实上对真的考量，所谓善基于真、真为善先是也。这种法学研究对真的考量，是合规律性的考量，即对客观制约条件的充分把握和对行为后果的考察和预测；而对善的考量，乃属于合目的性的考量，即对法律中已经蕴含的立法者的价值目的的诠释和对社会上可能上升为主导的价值的筛选。达成合目的性和合规律性的融汇和统一，乃是法学研究的最终归宿。

自2004年本人涉足央地关系的研究以来，仔细算来快20年了。其间，在完成博士论文和一项国家社科基金项目的基础上，出版了两本专著，这算是第3本相关的专著了。本书是新近完成的国家社会科学基金项目的最终成果，致力于对央地关系权责划分的模式进行规范构建，并结合实践经验提出有针对性的对策建议，为央地关系法治化建设略尽绵薄之力。在本书写作的过程中，课题组成员余鹏峰博士、聂淼博士、陈运生教授、王柱国教授、付莹莹女士和爱妻刘群女士团结协作，贡献颇多。课题匿名评审专家提出的诸多精到的意见，也大多吸纳在文稿之中。光明日报出版社老师为本书的顺利出版付出了辛勤的劳动，我带的研究生刘安同学帮助校对了格式，我在此一并致谢。

目 录
CONTENTS

引言 问题、思路与创新 …………………………………………… 1

第一章 我国央地事权与支出责任划分的体制性特征及成因分析 ……… 7
  一、我国央地事权和支出责任划分的体制性特征 ………………… 7
  二、我国央地事权与支出责任划分现状的成因分析 …………… 13

第二章 央地权责规范划分——走向宪法授权下的"职责分殊、
       权能一致"模式 ……………………………………………… 16
  一、既有央地权责划分模式遭遇的现实挑战 …………………… 16
  二、央地权责划分的规范分析 …………………………………… 18
  三、走向宪法授权下的"职责分殊、权能一致"模式 ………… 30

第三章 政府间权责划分的他国经验及其启示 ……………………… 36
  一、传统单一制集权国家的地方分权改革——以法国为例 …… 36
  二、单一制国家中的分权自治模式——以日本为例 …………… 42
  三、联邦制国家从二元分权到合作共治——以美国为例 ……… 47

四、联邦制国家中的合作模式——以德国为例 ……………… 52
　　五、政府间权责划分的他国经验及其启示 …………………… 62

第四章　央地事权和支出责任划分的基本原理、原则与技术 ……… 68
　　一、央地事权和支出责任划分的基本原理 …………………… 68
　　二、政府间事权与支出责任规范划分的原则与技术 ………… 79

第五章　央地事权和支出责任规范划分的法治进路 ………………… 89
　　一、央地事权和支出责任规范划分的实践路径 ……………… 89
　　二、政府间事权与支出责任划分的组织、程序保障和动态调整机制 … 112
　　三、改进政府间事权与支出责任划分的纠纷解决机制 ……… 120

第六章　充实地方税权、优化地方税制以提高地方自有财力的
　　　　　法治进路 ……………………………………………………… 126
　　一、我国地方税制现状分析 …………………………………… 126
　　二、改进地方税权的正当根据及其可行方式 ………………… 134
　　三、完善地方税法律体系的对策 ……………………………… 148
　　四、建构地方主体税种视角下房地产税试点改革的法治进路 ……… 153

第七章　直管改革背景下落实地方政府环保责任的难点、
　　　　　基点与机制改进 ……………………………………………… 162
　　一、问题的提出 ………………………………………………… 162
　　二、落实地方政府属地环保责任的体制性难点 ……………… 164
　　三、落实地方政府属地环保责任的基点——政府间环保事权和支出责任
　　　　的规范划分 ………………………………………………… 170
　　四、落实地方政府属地环保责任的机制改进 ………………… 179

第八章　国家治理现代化背景下我国财政监督法治化的模式改进及其实践路径 ·········· **186**
　一、我国财政监督的法治化的内涵与现状 ·········· **186**
　二、财政监督法治化的经验模式及其启示 ·········· **189**
　三、我国财政监督法治化的实践路径 ·········· **193**

参考文献 ·········· **201**

引言

问题、思路与创新

法社会学的研究业已证明，长期以来，我国政府间权责划分呈现出"中央决策、地方执行"的委托代理模式特征。① 其间虽经历多次反复调整的过程，有些应当依法赋予地方的权责仍没有下放，有些应当由中央直接行使的事权和支出责任却过度下放，导致现实困境进一步加剧：一方面，中央决策依靠地方执行，由于信息不对称，加之监控链条过长，容易滋生欺下瞒上的现象，越到基层，选择性执法越严重，国家法律和中央政策的统一意志及权威并没有得到充分实现；另一方面，过于强调政府间委托代理的性质，不但不能很好地维护和保障地方的正当利益，而且会导致公共支出责任层层下压，公共产品供应的地区差异悬殊，并使得地方债务像滚雪球般越来越多，潜藏巨大的财政危机和社会风险。时代的呼唤需要转换模式、调整体制、创新机制。

鉴于此，近年来，党和国家在中央与地方事权和支出责任划分方面的改革明显加速。2019年中共十九届四中全会通过的《中共中央关于坚持和完善中国特色社会主义制度、推进国家治理体系和治理能力现代化若干重大问题的决定》进一步指出："赋予地方更多自主权，支持地方创造性开展工作。"2020年10月《中共中央关于制定国民经济和社会发展第十四个五年规划和二〇三五年远景目标的建议》中提出："明确中央和地方政府事权与支出责任，健全省以下财政体制，增强基层公共服务保障能力。"

---

① 参见何逢阳.中国式财政分权体制下地方政府财力事权关系类型研究［J］.学术界，2010（05）：17-26；曹正汉.中国上下分治的治理体制及其稳定机制［J］.社会学研究，2011，25（01）：1-40，243；程金华.国家、法治与"中间变革"——一个中央与地方关系的视角［J］.交大法学，2013（04）：39-56；杨志勇.分税制改革中的中央和地方事权划分研究［J］.经济社会体制比较，2015（02）：21-31.

这些重要论断都突显了国家整体视域中地方应有的地位和功能，把中央与地方财政关系改革摆在整个财政制度改革的首要地位，更加突出了央地事权划分作为全面深化改革突破口的重要价值。现在，我们有必要在既有成就的基础上，通过深化改革并完善立法，进一步明确政府间事权划分，制定事权和支出责任相适应的新制度。

虽然法学界和财政学界对既有委托代理体制下政府权责不对称的模式特征早有关注，但基于体制改革的迟缓与滞后，大多数研究还是在既定模式下，或者通过实证研究，对政府间事权与财政支出责任"错配"的内在机理进行特征概括归纳和原因探究①；或者提出"纠错"的若干技术性方案和改进性措施。② 这些研究无疑是必要的，对明确政府间权责关系的实然状态具有很重要的基础性作用。然而，法学作为规范科学，显然还需要从应然的视角，从宪法和基本法律已确立的价值位阶和宪政秩序进行深入分析，审慎辨明政府间权责关系的应然格局和逻辑。虽然近年来在此领域的成果逐渐涌现，如从权利保障的视角对政府间事权划分原则、内容进行重构③，或主张以法律的形式对政府间达成的财政支出划分进行明确界定④。

---

① 参见白晓峰.预算法视角下的中央与地方关系——以事权与支出责任分配为中心 [J].法商研究，2015，32（01）：24-28；郑培.新时期完善我国政府间事权划分的基本构想及对策建议 [J].地方财政研究，2012（05）：32-40；冯兴元.我国各级政府公共服务事权划分的研究 [J].经济研究参考，2005（26）：2-18；宋立.各级政府事权及支出责任划分存在的问题与深化改革的思路及措施 [J].经济与管理研究，2007（04）：14-21.

② 参见华国庆.地方债危机：中央政府"救"与"不救"的权衡 [J].武汉大学学报（哲学社会科学版），2015，68（03）：11-14；寇明风.政府间事权与支出责任划分研究述评 [J].地方财政研究，2015（05）：29-33；中国国际经济交流中心财税改革课题组.深化财税体制改革的基本思路与政策建议 [J].财政研究，2014（07）：2-10；宣晓伟.推进中央和地方事权划分的法治化 [J].中国党政干部论坛，2015（10）：15-20.

③ 参见徐阳光.论建立事权与支出责任相适应的法律制度——理论基础与立法路径 [J].清华法学，2014，8（05）：88-102；刘尚希，马洪范，刘微，等.明晰支出责任：完善财政体制的一个切入点 [J].经济研究参考，2012（40）：3-11；马万里.多中心治理下的政府间事权划分新论——兼论财力与事权相匹配的第二条（事权）路径 [J].经济社会体制比较，2013（06）：203-213；李俊生，乔宝云，刘乐峥.明晰政府间事权划分 构建现代化政府治理体系 [J].中央财经大学学报，2014（03）：3-10.

④ 参见刘剑文，侯卓.事权划分法治化的中国路径 [J].中国社会科学，2017（02）：102-122，207-208；贾康.财政的扁平化改革和政府间事权划分 [J].中共中央党校学报，2007（06）：42-48.

秦前红①、熊文钊②、熊伟③、朱大旗④、杨海坤⑤、苗连营⑥、王建学⑦等学者还敏锐关注到我国宪法中其实可以解读出地方自治的隐含价值和逻辑。部分研究只是尚属粗线条的勾勒，缺乏法解释学的细致诠释，法经济学、法律政策学的精细分析也还大有全面、深入的空间。

而从世界范围来看，市场经济体制比较定型的国家，早在20世纪60年代，就发展出相对成熟的财政联邦主义理论，如施蒂格勒（Stigler）的最优分权理论，蒂布特（Tiebout）的"以足投票"理论，奥茨（Wallace E. Oates）的分权理论，特里西（Richard W. Tresch）的偏好误识理论，布坎南（Buchanan）的"俱乐部理论"，等等。⑧ 尽管财政联邦主义内部派系分歧明显，但都以法治框架下分层负责的政府体系为理论预设，是在各级政府利益平等保护的前提下聚焦于公共品供给效益的提升上。对于经济、政治正整体转型的我国而言，方向性的启示殊显可贵，但结论显然难以生搬硬套。相反，在以发展中国家为对象的研究中，研究者则围绕经济和政治体制转轨的经验和路径展开，如Martinez在《支出责任划分》一书

---

① 秦前红，付婧．我国地方财政自主的公法保障［J］．甘肃社会科学，2016（02）：196-201．
② 熊文钊，史艳丽．试论行政组织法治下的行政体制改革［J］．行政法学研究，2014（04）：63-71．
③ 熊伟．地方债与国家治理：基于法治财政的分析径路［J］．法学评论，2014，32（02）：61-68．
④ 杨海坤，金亮新．中央与地方关系法治化之基本问题研讨［J］．现代法学，2007（06）：23-30．
⑤ 杨海坤，金亮新．中央与地方关系法治化之基本问题研讨［J］．现代法学，2007（06）：23-30．
⑥ 苗连营，王圭宇．地方"人格化"、财政分权与央地关系［J］．河南社会科学，2009，17（02）：66-73，219．
⑦ 王建学．论地方政府事权的法理基础与宪法结构［J］．中国法学，2017（04）：124-142．
⑧ 参见鄂杰，庞鑫．财政联邦主义理论与实践述论［J］．财政研究，2013（08）：79-81；吴昊．新财政联邦主义理论的文献综述［J］．经济研究导刊，2009（25）：8-9；朱丘祥．分税与宪政——中央与地方财政分权的价值与逻辑政［M］．北京：知识产权出版社，2007：38-45．

中，强调了政府间支出责任划分对于政府转型及效能提高的首要地位。钱颖一、张五常、Weingast 为代表的一批经济学家则用比较方法分析了转轨国家财政分权成功与失败的内在理据。① 这些研究对我国的相关改革无疑具有相当的借鉴意义。

其实，《中华人民共和国宪法》（以下简称宪法）及组织法已经明确规定了地方政府的双重地位，并且，地方各级人民政府作为地方人民代表大会执行机关的定位在价值排序上还优先于其作为中央政府执行机关的定位。而且，宪法和《中华人民共和国立法法》（以下简称立法法）等基本法律已明确赋予了地方人大先行制定地方性法规的自主立法权，地方人民政府作为地方人大的执行机关，也就据此拥有了法定范围的自主行政权，正是在这一层面，地方政府在法律上作为公法人具有与中央政府平等的主体资格，而不仅仅是中央政府的代理执行机关，只是在实践环节，地方政府更多呈现出中央执行机关的角色。这种事实与价值的背离，才导致以往的研究，大都囿于现实的财政压力论财权、财力调整，相对于财权、财力配置来说，政府对政府间事权和支出责任划分的优先价值重视不够。政府间事权的规范划分背后的体制基础，就是要尊重并确保地方相对于中央的主体资格。地方政府之所以在法律上具有与中央政府平等的主体资格，是因为宪法中关于中央与地方各级政府的功能定位是互不相同的。诚如毛泽东同志在经典文献《论十大关系》中所强调的，地方也有地方的正当利益，地方的正当利益也要争取。② 所谓地方的正当利益，体现在法律上就是地方的法律主体资格。然而，法学界尚未对地方政府相对于中央政府的平等法律主体资格予以足够重视，也还没有对央地间功能分殊、权责对称的原理和技术展开系统研究。

基于国家治理现代化的新要求，我们必须跳出急功近利的狭隘视野，走出过度强调地方政府作为中央代理执行机关的固有模式，回归根本大法的既

---

① 吴俊培，李淼焱.财政联邦主义理论述评［J］.财政监督，2012（33）：23-28.
② 中共中央文献研究室编.毛泽东文集：第七卷［M］.北京：人民出版社，1999：35.

定价值预设，才可望以民主方式、法治思维来根本解决中央与地方"收死放乱循环"的困局。现实理论研究的难题在于如何更新理念以确保地方相对于中央的平等法律资格？用怎样的民主机制才能科学、规范地划分中央与地方的事权和支出责任并配置相称的财权、财力？又如何以规范方法建构严格的考绩、追责制度保障各级政府事权和支出责任的切实履行？

基于以上分析，本课题在全面、深入调研的基础上，以中国特色社会主义理论为指针，坚持实事求是的学风，按照以下思路方法展开研究。

首先，以实证方法分析我国政府间权责划分的体制性特征；以法社会学方法探析央地间权责划分的实际效果和弊端、缺失；以历史分析方法探究我国政府间"职责同构"形成的成因。

其次，以价值分析的方法论证市场经济条件下央地间基于功能分殊的"职责异构"新模式，并探究各级政府内部权能统一、权责对称的规范意涵；以法教义学方法证明地方政府的平等法律主体资格。

再次，以比较分析的方法对当今世界主要国家中央（联邦）与地方政府权责划分的经验和发展趋势进行类别化研究。

最后，在上述基础上综合运用法律政策学、法律经济学等方法论证我国央地间权责划分的原则、内容、进路、程序及动态调整、争议解决、财政配套、责任追究的合理体制、机制、方式。本课题的思路方法图示如下：

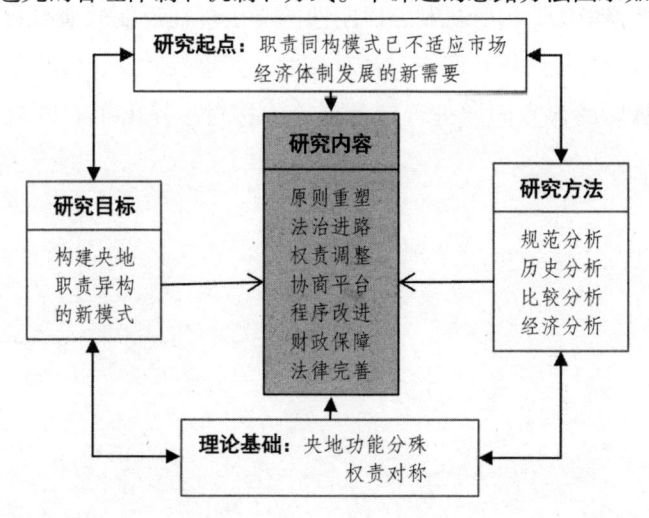

研究起点：职责同构模式已不适应市场经济体制发展的新需要

研究目标：构建央地职责异构的新模式

研究内容：原则重塑 法治进路 权责调整 协商平台 程序改进 财政保障 法律完善

研究方法：规范分析 历史分析 比较分析 经济分析

理论基础：央地功能分殊 权责对称

本课题可能的创新之处包括：

第一，在研究视角方面，本课题试图突破央地间委托代理关系来分析框架占主导的研究范式，以市场经济条件下中央与地方政府间功能分殊、职责异构和各级政府内部权能统一、权责相称的法治思维为统领，将中央与地方的权力调整放在各级政府平等法律主体的分析框架之下，为建立央地间权责相称的新制度提供坚实的理论支撑和系统的创新设想。

第二，在研究内容方面：首先，本课题提出并论证确保地方政府的平等法律主体资格是深化改革的体制基础之观点。为此，必须改变仅把地方政府视为中央执行机关的偏颇观念，回归宪法关于地方政府功能定位的既有规定，维护其相对于中央政府的平等法律地位，在充实其权能的基础上充分保障其公法人资格。其次，提出改进央地间权责划分的基本原则、法治进路之创新设想。应以遵循中央主权性事权优先保障、地方治理性事权基层先行为基本原则，兼顾事务的效益外溢性、信息处理对称性原则，注重激励相容原则并及时以法律相规范。再次，提出并论证设立权威决策机构和有效协商机制的系统构想。应设立央地关系委员会等决策、协调机构，并建构有效的渠道、机制和程序，以民主协商的方式充分发挥中央与地方两个积极性，以促进改革取得最大的正效益。最后，提出并论证建立政府间权限纠纷解决机制和完善民主追责机制的针对性方案。应通过民主方式建立严格考绩、追责机制，以刚性的支出责任反制政府事权的非理性扩张，促进政府依法履行职责。并对央地之间事权和支出责任规范配置的几个相对具体的热点问题进行较为深入的探讨，提出了有针对性的完善建议。

第一章

我国央地事权与支出责任划分的体制性特征及成因分析

一、我国央地事权和支出责任划分的体制性特征

（一）纵向权力配置的规范意涵及其宪法意义

1. 纵向权力配置的规范意涵

在宪法的总体框架下，涉及三个层面的权力规范配置。其中，在宪法明确界分公域之公权与私域之私权的大前提下，纵向分权处理公域内部国家整体与部分之间的权力分配关系，其实质是以中央政府为代表的国家整体利益和以地方政府为代表的地方区域利益之间的法定利益分配关系。[①]不同于国家横向的功能性分权，纵向分权属于一种地域性分权，即在统一主权内部以地域为基础的事权划分。在民主政治的内生逻辑上，国家的纵向分权与横向分权具有紧密的关联性，因为，不论是中央政府[②]，还是地方各级政府，都必须首先从整体上明确各自管辖的公共事务的范围，即各自拥有的事权范围，然后，才能在同一层次的治理单位内部基于功能最适的原则划分立法权（决策性权力）、行政权（执行性权力）、司法权、监督权等，即横向的功能分权。

[①] 谢庆奎，杨宏山. 府际关系的理论与实践 [M]. 天津：天津教育出版社，2007：13.

[②] 本文论域中所称的政府，并不局限于仅仅充当行政机关的"政府"的狭义用法，而是意指中央与地方各级政权组织，主要包括作为权力机关的各级人民代表大会和作为行政机关的各级人民政府，是一种广义上的"政府"。为了便于区分，凡是论及作为行政机关的狭义"政府"时，本文一般以"人民政府"来指称。

2. 纵向权力配置的宪法意义

国家权力与利益的纵向划分首先服从于市场经济条件下利益多元化的客观需要，有利于提高国家的治理效率以保障主权的统一和安全。① 在国家治理现代化背景下，政府职能正向公共服务和提供公共产品转型。根据公共经济学的一般观点，政府提供的公共产品可以分为全国性的公共产品、准全国性的公共产品和地方性的公共产品，为了提高公共物品的供给效率、满足人民的需求偏好，全国性和准全国性的公共产品应由中央政府来提供，而地方性的公共产品则应由地方政府来提供。② 这种基于公共服务和产品效益范围的纵向分权，既防止中央进行整齐划一公共产品供给的效率损耗③，有利于提高公共产品的供给效率，又使政府间的事权划分趋于合理化、均衡化，维系中央与地方之间的和谐关系。

从根本上讲，纵向权力的规范配置有利于人民更好地参政、议政，以保障和促进人权的充分实现。现代以来的单一制国家基于政治民主的理念，已从集权型向分权型转进，普遍流行一种地方自治的趋势，通过宪法和法律扩大地方自治权，来克服中央集权的僵化体制，激发地方的活力，保证人民的自由、平等权利。经过历史的演进，当今世界大多数国家如今已发展成一种"复合共和国"的中央与地方关系制度。④ 这种制度的特征在于：实行纵向分权，中央与地方政府基于宪法有明确的事权范围，并在各自的事务范围内获得保障的充分自主权；中央与地方既分工又合作，地方政府用充分的宪法保障手段来反制中央政府的随意干预，但双方通过联合作业和混合财政进行合作的范围和程度也分别扩大和加深。

---

① 李忠夏. 法治国的宪法内涵——迈向功能分化社会的宪法观 [J]. 法学研究, 2017, 39 (02)：3-23.
② 李森. 试论公共产品受益范围多样性与政府级次有限性之间的矛盾及协调——对政府间事权和支出责任划分的再思考 [J]. 财政研究, 2017 (08)：2-17.
③ 杉原泰雄. 宪法的历史：比较宪法新论 [M]. 吕昶, 等译. 北京：社会科学出版社, 2000：137.
④ 谢庆奎, 杨宏山. 府际关系的理论与实践 [M]. 天津：天津教育出版社, 2007：15.

<<< 第一章 我国央地事权与支出责任划分的体制性特征及成因分析

实践证明，我国的单一制国家结构在保证国家的统一和稳定的基础上①，与时俱进，正焕发出旺盛的生命力。与我国整体上尚处于社会转型阶段相吻合，我国在央地纵向权力配置方面呈现出明显的转型时期行政性放权的特征。

(二) 我国央地事权和支出责任划分的体制性特征

1. 我国行政性放权过程中中央集权的基调一直未变

新中国成立初期，出于巩固政权和促进国家整合的现实需要，选择中央全面集权体制，这具有历史的必要性。但中央过度集权，地方无权，容易形成僵化的体制，妨碍社会经济文化的发展，尤其在和平与发展成为时代主旋律的新的历史条件下，过度的中央集权其负面作用日益凸显。改革开放以后，中央政府逐渐放权②，地方政府和企业的权力扩大了，活跃了国民经济，促进了整个社会的发展。但新的问题又产生了，地方政府在获得部分发展经济、社会的权力之后，出现了只顾地方利益、不顾全局利益，甚至不惜牺牲整体利益的现象。这引起了中央的警觉，在谨慎地继续深化改革的同时，中央开始有计划地在关键的领域和部门收权，这以1994年启动的分税制改革作为先导，之后在金融部门跟进，其方式就是在宏观调控部门和关键要害部门设置中央直管机构，排除地方的干涉和执法阻力，以保障国家法律和中央政令的畅通无阻，但随之，有关直管的范围和监控机制又成为新的争议点。纵观改革开放40多年来中央放权、收权、放权的实践，虽然地方政府在经济、社会领域的权力确乎增大了，但体制性的问题并未得到根本的触动，地方政府作为中央的执行机关的格局并未发生根本改变，地方的事权、财权、人事权基本还是掌控在中央和高层级政

---

① 我国学界通说认为，宪法中"统一的多民族国家"的表述已经说明了我国是"单一制"的国家结构形式。参见肖蔚云. 我国现行宪法的诞生 [M]. 北京：北京大学出版社，1986：105-106.

② 权力下放的基础是央地利益同质性及其机构同构，通过在同一系统内将权力下移，从而增强中央控制的效率，而地方分权的基础是地方利益的独立性，地方具有法人资格、自主权和自治机关。参见王建学. 法国公法中地方公共团体的概念 [J]. 东南学术，2010 (01)：129-138.

9

府中。中央与地方关系模式中中央集权一直是主调,这主要表现为中央总揽了宏观决策权、人事任免权、财税立法权、财政收益分配权等关键性权力。"两个积极性"宪法原则性规定的充分贯彻尚有待在实践中摸索经验。

2. 我国地方政府的双重身份在实践中遭遇名实难副的尴尬

根据宪法和现行法律的规定,地方各级人民政府由同级人大产生,是同级人大的执行机关,向同级人大负责和报告工作。与此同时,宪法又规定,地方各级人民政府对上一级国家行政机关负责并报告工作,全国地方各级人民政府都是国务院统一领导下的国家行政机关,都服从国务院。《中华人民共和国地方各级人民代表大会和地方各级人民政府组织法》第六十六条还规定,县级以上各级人民政府的各工作部门受本级人民政府的统一领导,并且依照法律或者行政法规的规定受上级人民政府和国务院主管部门的业务指导或者领导。这被我国学界概称为地方政府及其工作部门的"双重领导"原则。地方政府既是同级人大的执行机关,即地方性的行政机关,同时又是国务院和上级政府统一领导下的国家行政机关,地方政府的这种双重身份在中央与地方利益一致的前提下,能够节省组织成本,提高行政效率。但是,在中央与地方利益和权限处理模糊的情况下,因地方政府的角色冲突而造成的行为偏颇就难以避免。在实践中,地方政府出于本能会倾向于照顾本地利益,但是,由于中央和上级按照"党管干部"原则实际上掌管着地方主要人事的任免权,又使地方政府行为出现"唯上"的倾向,二者之间的平衡常常因人、因事、因时而异。

尽管在法律的制度层面,地方政府作为同级人大的执行机关身份优先,但实际上,地方政府更多地充当了中央执行机关的角色。这不但使得地方政府在实践中面临名实难副的尴尬,而且,还导致法律赋予地方政府的职权难以真正严格落实,各级地方政府的责任无从严格追究。其实,政府之间关系的本质是利益关系,中央有自己的正当利益,地方也有地方的正当利益,二者都值得尊重并以法律相规范。① 地方政府既作为中央的代

---

① 应松年,薛刚凌. 地方制度研究新思路:中央与地方应用法律相规范[J]. 中国行政管理,2003(02):32-35.

理执行机关，又作为地方人民的代表服务于地方利益，两种身份一旦混同，使得其对中央与地方两种正当利益的忠实履行容易产生机制上的梗塞。

3. 地方政府在执行法律和中央政策过程中拥有相当的变通空间和手段

我国中央与地方职责权限的划分，体现了明显的中央与地方"职责同构"的特色。① 但这种"职责同构"的特色主要体现在组织和制度的形式层面，在实践层面，中国政府之间的关系则体现出执行性、应付性、自创性和协商性等特征。由于利益的差异性，有些问题不是一纸命令所能解决的，上级和下级以及同级之间需要进行谈判和协商才能解决。② 这种现象实际上导致了中国中央与地方关系的表里不一：形式上是中央集权，地方无法定的自主事权，实际上中央的权力常被地方变通，地方显得灵活性十足。这正是中央与地方之间权限划分不清的自然结果，也预示着中国已处于政府间规范分权的前夜。

4. 中央与地方的权限划分尚以中央的政策作为基本依据

自然，改革开放40多年来，中央向地方下放了相当的经济、文化及社会管理方面的事务性权力，然而，中央下放权力基本上是以党中央和国务院政策的形式实行的，以法律的形式规范分权的比重还非常低。尽管宪法第一百条规定："省、直辖市的人民代表大会和它们的常务委员会，在不同宪法、法律、行政法规相抵触的前提下，可以制定地方性法规，报全国人民代表大会常务委员会备案。"同时在《中华人民共和国地方各级人民代表大会和地方各级人民政府组织法》（以下简称组织法）第六十条中规

---

① "职责同构"是指在政府间关系中，不同层级的政府在纵向职能、职责和机构设置上的高度统一、一致。也就是说，不同层级的政府承担着相似的职权，其机构设置随之上下对应，再加上党的系统的强化，无形中放大了"职责同构"的效应。参见张志红. 当代中国政府间纵向关系研究［M］. 天津：天津人民出版社，2005：270-278；朱光磊，张志红."职责同构"批判［J］. 北京大学学报（哲学社会科学版），2005（01）：101-112.

② 谢庆奎. 中国政府的府际关系研究［J］. 北京大学学报（哲学社会科学版），2000（01）：26-34.

定，省级政府可以根据法律、行政法规和本省、自治区、直辖市的地方性法规，制定规章，报国务院和本级人民代表大会常务委员会备案。2015年立法法修订后，类似的规定还扩展到地级市的人大及其常委会和政府。这说明我国省级和地市级的地方被赋予了立法权，但由于政府间的事权划分尚不明确（尽管立法法第八条规定了11项全国人大保留的立法事项，但也只是概括性的原则规定，可操作性不强），从而使更多的地方立法是一种补充性的执行立法，而很少自主立法。虽然在立法法的草拟过程中，全国人大曾试图明确规定地方的自主立法范围，但最终还是无法出台，仅在立法法第六十四条中概括性地赋予了地方人大在法律保留的事项之外、在无中央立法的前提下就地方性事务先行制定地方性法规的权力。

例如，在中共中央十四届三中全会通过《关于建立社会主义市场经济体制若干问题的决定》后不久，国务院在很短的时间内，于1993年12月15日作出《关于实行分税制财政管理体制的决定》，落实财税体制改革，在中央与地方之间根据事权划分税种，明确各自的财税收益范围。其中明确规定所得税作为地方税种，中央不参与分成。但2002年国务院又通过了《所得税收入分享改革方案》，规定将所得税调整为共享税，且地方只能分享较小的比例。尽管2002年国务院所实行的《所得税收入分享改革方案》，大体上符合市场经济条件下所得税法的发展趋势，然而，我们在体会国务院这一做法的合理性的时候，也还是不可忽视其内在的体制性问题。

再如，垂直管理改革是适应市场经济体制需要而启动的一项行政领域的重大举措，然而，迄今我国垂直管理的规范化水平也不高，垂直管理改革主要以部委规章、政策为主要依据。例如，随着中国人民银行的职权范围数度变易，它在地方设立的分支机关的形式也曾多次调整，人民银行跨行政区设置分行，与省级行政部门和各大国有商业银行按行政区划管理的格局不一致，使得对各大商业银行的现场监管工作缺乏地方政府相关部门和同行政级别的各大商业银行的配合。类似的情况也反映在国家金融监督管理总局和证监会的分支机关的设置上。

二、我国央地事权与支出责任划分现状的成因分析

由于市场化改革还有待进一步深入，作为政府间事权与支出责任划分的前提，政府与市场、社会的职能划分不清，政府职能定位欠准，一些本可由市场调节或社会提供的事务，财政包揽过多，同时一些本应由政府承担的基本公共服务，财政又承担不够。与此相关联，在政府体制内部，我国政府间事权、支出责任与财权、财力纵向划分也不同程度存在不清晰、不合理、不规范等问题。

主要原因可分为以下几个方面。

1. 整体政府的职能定位和权责范围随着市场化改革的深化尚处于探索和变动之中

根据马克思主义的基本观点"经济基础决定上层建筑"，十八大以来党和国家出台了一系列新的决议、政策和法律，吹响了全面深化改革的号角。改革的基本方向，就是要让市场机制在资源配置中发挥决定性作用，同时更好地发挥政府的作用，使市场机制从计划经济体制走向社会主义市场经济体制。这反过来说明，我国的市场化改革难以一步到位，由此决定我国整体政府的职能定位和权力边界也还在形塑之中。既然整个政府的职能定位和权力边界也还在调整之中，则国家内部中央与地方各级政府的职责权限的划分，包括事权、财权及支出责任的划分也难以一下子形成规范而稳定的格局，尚需在实践中反复探索、积累经验。因此，我们研究我国政府间事权与支出责任划分，首先需要有动态的发展眼光，既不能保守化而故步自封，也不能过于理想化而好高骛远。中央需要集中行使哪些事权，地方又需要赋予哪些领域的自主事权，尤其在央地共同事权中，各级政府的管理权限及支出责任如何细分，这是一个实践理性的问题，不可能按图索骥。其有效推进，高度依赖于在国家整体框架内形成公域与私域分立而互动的协调中和格局。

2. 我国地区间发展的差异增加了政府间权限规范划分的难度

众所周知，我国 40 多年来的改革开放大业，基本是循着东、中、西部

的梯度依次放权和开放的,由此,我国东、中、西部三类地区,在经济和社会发展方面已经形成了巨大的差距。如果说东部地区基本实现了工业化和城镇化,那么中西部地区还在工业化和城镇化的进程之中。并且,我国还有半数以上的人口生活在农村,其生产方式还是传统的农耕方式,这与上海、广州、深圳的高度工业化相比,差别巨大。在如此多样化的发展水平下,要由中央统一标准来划分政府间的职责权限,提供统一的公共服务和产品,其难度可想而知。①

3. 我国政府间事权与支出责任划分的现状特征在根本上深嵌于国家发展的动员体制中

学界一般认为,新中国成立以后,我国选择了一条"压力—动员—赶超"的发展战略。为了快速摆脱因经济、文化落后而导致的生存压力,作为后发展国家,要想实现赶超世界先进水平的目标,由先进的执政党带领,整合一切力量和资源,团结一致,万众一心,实现中华民族伟大复兴,乃被认为是历史逻辑发展的必然选择。于是,与这种发展战略相适应,我国选择了高度集权的党政一体体制,在中央与地方的关系上,尽管也重视发挥地方的主动性、积极性,但坚持并强化中央的统一领导一直是不可动摇的第一政治原则。② 在这种体制下,四级地方政府都是中央统一领导下的国家行政机关,在中央政府与地方政府的权责关系方面,呈现出明显的委托代理体制特征。这种委托代理关系的典型特征,即人们习以为常的"中央决策,地方执行"。于是,除国防、外交等少数主权性事务之外,绝大多数公共治理事务,都是中央与地方的共同事务,这在宪法和组织法的相关条款中可以清晰地看出来。所不同的只是中央与地方在共同事务中的权能是分工的,由中央定目标原则、定措施标准,然后由地方逐级贯彻落实,这种制度的优势是明显的。但当时的中央与地方的财政分家,

---

① 罗长林.合作、竞争与推诿——中央、省级和地方间财政事权配置研究[J].经济研究,2018,53(11):32-48.
② 黄宗智.改革中的国家体制:经济奇迹和社会危机的同一根源[J].开放时代,2009(04):75-82.

并没有建立在央地事权分工的基础之上,而是以向中央集中财力作为近期目标。只是随着财力越来越往上集聚,地方政府尤其是基层政府在执行具体事务方面的财力有时会不足,潜藏一定的财政债务风险,于是,政府间事权和支出责任的重新调整作为一个巨大的现实难题被提上议事日程。①

---

① 楼继伟. 深化事权与支出责任改革 推进国家治理体系和治理能力现代化 [J]. 财政研究, 2018 (01): 2-9.

第二章

央地权责规范划分——走向宪法授权下的"职责分殊、权能一致"模式

一、既有央地权责划分模式遭遇的现实挑战

如前所述,法社会学和政治学的研究业已表明,长期以来,我国地方政府实际上主要充当了中央政府领导下的国家行政机关的角色。[①] 目前,委托代理的分析框架在法学界主要用在民法学领域,在公法领域政府间关系呈现的委托代理特征,主要是政治学者和社会学者实证研究的基本结论。从历史视角来看,我国从秦以下的两千多年间,废封建,行郡县制,中央与地方的权责关系就呈现出较为明显的委托代理模式特色。新中国成立以来,我国央地权责划分既带有传统体制和文化的底色,又受计划经济体制的深刻影响,呈现出"职责同构、权能分离"的鲜明模式特征。

1. 中央与地方各级政府间职责和机构高度同构

基于我国长期演化成的下管一级的政治组织原则,在中央、省级、市级、县级、乡镇五级政府间形成了四层委托代理关系,除军事、外交等少数中央专属的主权性事务之外,诸如经济、民政、教育、文化、社会等公共事务,中央与地方各级政府形成明显的职责同构现象。[②] 所谓"职责同构",是指在政府间关系中,不同层级的政府在纵向职能、职责和机构设置上高度统一、一致。也就是说,不同层级的政府承担着相似的职权,其

[①] 参见:曹正汉. 中国上下分治的治理体制及其稳定机制[J]. 社会学研究,2011,25(01):1-40,243;程金华. 国家、法治与"中间变革"——一个中央与地方关系的视角[J]. 交大法学,2013(04):39-56.

[②] 朱光磊,张志红."职责同构"批判[J]. 北京大学学报(哲学社会科学版),2005(01):101-112.

机构设置随之上下对应，再加上党的系统的强化，在实践中无形放大了"职责同构"的效应。职责同构就意味着针对同一事务，上级和下级的具体职责权限不够清晰、难以法定，于是，中央和较高层级政府基于其政治上的优势地位，就倾向于将实施的具体责任逐级往下压，导致市县和乡镇基层政府实际上承担着大部分的实施责任与财政支出责任。①

按逻辑来看，政府间职责同构源于事权的共同承担。现实的问题正在于：一是央地各级政府共同事权太多，中央与地方各自的专属事权过少，尤其是地方政府自主事权的概念不明确、范围不清晰；二是在央地共同事权领域，各级政府的具体职责权限并不明晰，法定化水平很低。本来，政府间的共同事权，遵循"中央决策、地方执行"的逻辑，中央与地方确有必要设置基本相同的机构来组织实施，但是，各级政府相关职能部门具体的职责权限也应该分工明确且互有区别。以义务教育事权为例，从中央到各级地方政府，都由教育行政主管部门来承担组织实施义务教育的职责，但各级教育职能部门的具体职责应是不同的，中央教育职能部门主要负责制定规划、政策、标准，省级教育职能部门负责考评、监督，市县政府教育职能部门则具体组织实施。

2. 政府内部财权、财力与事权、支出责任不相匹配

基于政府间职责同构的现实，显然，市县政府承担着大部分事权的属地实施责任，其财政支出责任是最大的。按应然逻辑来，就应该赋予市县政府与其职责相应的较大的财权与财力，以保障其职能的充分发挥。② 然而，现实中各级政府的财权、财力与所承担的事权、支出责任有时不相匹配，从而导致政府作为公法人的权力能力与行为能力不统一，一定程度上影响其治理效率。

1994年开启的分税制改革，本来是适应市场经济体制需要的财政体制

---

① 吴帅. 利益竞争下的政府间事权划分：冲突与化解 [J]. 政法论坛, 2018, 36 (04)：134-142.

② 贾康, 苏京春. 现阶段我国中央与地方事权划分改革研究 [J]. 财经问题研究, 2016 (10)：71-77.

重大改革,然而,其当期直接目标还是设定在"提高两个比重"上,后来虽经多次微调,但政府间财权、财力的配置迄今还难以科学、规范。其背后最大的体制性制约因素在于,政府间事权划分不够科学合理,并直接导致政府内部事权与支出责任不一致。尤其在共同事权中,中央和较高层级政府的支出责任过少,而市县基层政府所承担的支出责任又过多,这种趋势直到党的十九大启动事权与支出责任相一致的改革以后,才开始逐步扭转。

二、央地权责划分的规范分析

(一)社会主义市场经济体制背景下"中央的统一领导"的规范意涵

1. 央地职权划分的宪法原则——"民主集中制"

在利益多元的社会主义市场经济体制下,全面深化改革抓紧推进,社会利益分化日益明显,各种社会矛盾相继涌现。[1] 在中央与地方权力关系这对矛盾体中,目前,维护中央在关键领域必要的权威,依然具有根本性的价值,问题是中央在哪些关键领域必须保持权威,又通过什么方式来维护权威。在此前提下,在涉及地方公共产品供给的地方性权力领域,通过法律明确授予地方政府,形成制度性分权,达到资源配置和供给效率的最大化,这也是央地关系领域的另一个重要方面。[2] 地方层面权力的分工不科学,合作和制约机制不规范,也反过来影响中央权威地位的维护和巩固。因此,充分发挥中央与地方这两个领域的积极性,形成合作共赢的和谐权力配置格局,这应该成为新时期调处央地关系的根本原则。

宪法作为国家的政治组织法,在调整国家与公民之间公私分权的基本框架之下,在公域方面又含有横向分权与纵向分权两重基本关系。与横向

---

[1] "改革开放打破了铁板一块的政治同质性,促进了个体利益的分出,使经济系统逐渐独立于政治系统。"参见李忠夏. 法治国的宪法内涵——迈向功能分化社会的宪法观[J]. 法学研究, 2017, 39(02): 3-23.

[2] 郭小聪. 集权与分权:依据、边界与制约[J]. 学术研究, 2008(02): 48-55, 160.

<<< 第二章 央地权责规范划分——走向宪法授权下的"职责分殊、权能一致"模式

的职能分权不同，纵向分权涉及不同层级政府之间的三重内容：事权划分、财权划分、人事权划分，实质就是要解决各级政府"管哪些事、钱哪里来、由谁来管"的连贯配套问题。目前中央改革决议和学术界热烈讨论的政府事权与支出责任相适应的问题①，其实质即在于纵向分权中政府间事权和财权的规范配置，这两方面匹配规范了，可以为进一步的政府间人事权划分打下体制基础。在既有的委托代理体制下，政府间事权、财权划分呈现出职责同构、权能分割的模式特征，实践已经证明，无论怎么调整，都难以走出"放乱收死"的循环。因此，政府间事权与财权、财力划分不能太局限于技术层面，而应根据形势发展的火候注重更为根本的模式和体制转换，跳出一叶障目不见森林的视域，中央与地方关系的法治格局才会水到渠成。

我国宪法第三条明确规定"中华人民共和国的国家机构实行民主集中制的原则"，其中第四款规定："中央和地方的国家机构职权的划分，遵循在中央的统一领导下，充分发挥地方的主动性、积极性的原则。"这是第

---

① 具体改革文件参见：2016年《国务院关于推进中央与地方财政事权和支出责任划分改革的指导意见》（国发〔2016〕49号）、2018年《国务院办公厅关于印发基本公共服务领域中央与地方共同财政事权和支出责任划分改革方案的通知》（国办发〔2018〕6号）、2018年《国务院办公厅关于印发医疗卫生领域中央与地方财政事权和支出责任划分改革方案的通知》（国办发〔2018〕67号）、2019年《国务院办公厅关于印发科技领域中央与地方财政事权和支出责任划分改革方案的通知》（国办发〔2019〕26号）、《国务院办公厅关于印发教育领域中央与地方财政事权支出责任划分改革方案的通知》（国办发〔2019〕27号）、2019年6月《国务院办公厅关于印发交通运输领域中央与地方财政事权和支出责任划分改革方案的通知》（国办发〔2019〕33号）、2020年1月《国务院办公厅关于印发公共文化领域中央与地方财政事权和支出责任划分改革方案的通知》（国办发〔2020〕14号）、2020年5月《国务院办公厅关于印发生态环境领域中央与地方财政事权和支出责任划分改革方案的通知》（国办发〔2020〕13号）、2020年6月《国务院办公厅关于印发自然资源领域中央与地方财政事权和支出责任划分改革方案的通知》（国办发〔2020〕19号）、2020年7月《国务院办公厅关于印发应急救援领域中央与地方财政事权和支出责任划分改革方案的通知》（国办发〔2020〕22号）。相关学术讨论参见郑毅. 论中央与地方关系中的"积极性"与"主动性"原则——基于我国宪法第3条第4款的考察［J］. 政治与法律，2019（03）：58-76；涂缦缦. 制定我国《政府间财政关系法》的重点与难点［J］. 政治与法律，2019（08）：151-161.

三条在规定民主组织原则和横向职能分工之后，对纵向分权的原则性规定，是指导我国处理中央与地方权力关系的最高法律原则，学界一般称之为处理中央与地方关系的"发挥两个积极性原则"。

宪法第三条第四款是第三条"中华人民共和国的国家机构实行民主集中制的原则"具体内涵的展开。我国宪法规定的民主集中制原则渊源于中国共产党在理论和实践中形成的民主集中制原则。民主集中制是随着无产阶级政党的诞生而确立的，马克思主义经典著作对民主集中制有许多系统的论证。在革命年代，民主集中制的重心在集中，对于承载着在落后的社会建设现代国家使命的政党来说，这种偏向集中的组织原则，不仅创造了政党的统一与力量，而且也创造了传统国家向现代国家转型所需要的集中统一。中国共产党遵奉的民主集中制原则，其重心也曾一度落在集中这一面，其中的"民主"仅具有工具理性的作用，"集中"才是目的。尤其是在新民主主义革命和社会主义建设的计划经济阶段，"集中"的特征更明显。改革开放以来，在现行宪法框架下，"民主"的成分逐渐彰显。[①] 然而，在规范的现代国家制度层面，民主集中制在形态上就应该是制度化的民主与制度化的集中的有机统一。计划经济既不能做到制度化的民主，也不能做到制度化的集中，相反，在社会主义市场经济条件下，则为制度化的民主与制度化的集中提供了丰富的制度资源与机制条件。

2."中央的统一领导"的规范意涵

目前我国宪法和组织法中对中央和地方的职权范围的列举还显得非常模糊，而在实践中呈现出中央与地方"职责同构"的特征。[②] 由此决定了，学术界对宪法这一划分中央与地方职权的指导性原则，也存在着不尽相同的解释。一般认为，所谓"中央的统一领导"，就是要求中央独揽宏

---

① 王旭. 作为国家机构原则的民主集中制［J］. 中国社会科学，2019（08）：65-87，206.

② "职责同构"是指在政府间关系中，不同层级的政府在纵向间职能、职责和机构设置上的高度统一、一致。也就是说，不同层级的政府承担着相似的职权，其机构设置随之上下对应，再加上党的系统的强化，无形中放大了"职责同构"的效应。张志红. 当代中国政府间纵向关系研究［M］. 天津：天津人民出版社，2005：270-278.

第二章 央地权责规范划分——走向宪法授权下的"职责分殊、权能一致"模式

观决策权,所谓"充分发挥地方的主动性、积极性",就是地方在遵循中央宏观决策的前提下,享有因地制宜的微观决策权和贯彻执行权,其要义在于保障充分发挥中央与地方两个积极性,维护央地和谐稳定的大局。在此基础上,职权的划分与各自所承担的责任要对称。首先,中央与地方权力要对称,两者之间要有一个妥当的对应比例,改变过去那种权力过于偏重中央的局面;其次,中央与地方的管理职责应该与其被赋予的权力相对应,对公法主体来说,职权与其职责实为一体两面;最后,中央与地方承担的公共管理责任要对称,既不能使中央承担无限责任,也不能使地方承担过多责任而中央不承担应有的责任,或者出了问题,只追究地方的责任。①

关键在于,我们理解"遵循中央的统一领导",需要准确把握其中"统一"二字的规范意涵。"统一"是否意味着中央可以无所不管?其中的"统一"二字是指中央在其事权范围内应保持"统一",还是意味着中央对所有公共性事务都有权管理?如果是指后者,那么,既然中央对所有事务都插手管理,根据权责对称原则,中央也就对所有公共事务承担责任,而地方只是受中央委托,在执行中央意志,即使在执行中发生了因地制宜的微调现象,也只需承担次要责任。如果地方执行中央规定不力,就说明中央对地方的督促、监督不到位,责任还是在中央。如果人民因此有意见,那么,首先问责的就应该是中央,而非地方。只有在中央承担责任之后,中央才可以在内部追究地方的责任。这样一个中央统包独揽的权力格局,正是计划经济条件下集权政府所需要的。实践证明,由于中央的信息渠道难以畅通有效和中央监控距离过远及成本过高,这种体制容易造成"中路梗塞",难以长期良性、高效运转。

鉴于此,在社会主义市场经济体制背景下,我们对宪法中这一指导性原则中的"中央的统一领导"应作这样的理解。其中"统一"包括中央的意志统一和中央的管理统一两个方面,二者在内涵上有着本质区别,前

---

① 辛向阳. 大国诸侯:中国中央与地方关系之结 [M]. 北京:中国社会出版社,1996:345.

者体现在中央所制定的法律、政策的统一性规定上，后者则体现在中央在公共事务方面实施必要的统一管理。这层意蕴可以从宪法有关国务院职权措辞的微妙差别中辨析出来。宪法规定，国务院作为最高国家行政机关，领导"各部委和全国性行政工作"，"领导地方各级国家行政机关工作"。值得注意的是，宪法第八十九条在具体列举国务院职权的时候，在经济、教育、文化等方面的职权用的是"领导和管理"的表述，即使"国防建设事业"也不例外，唯独在"对外事务"方面只使用了"管理"的表述。①这说明，由中央统一领导，并非都由中央统一管理，"统一领导"强调的是国家意志的统一，形成了国家统一意志之后，具体事务的执行落实，既可以由中央自己直接管理，也可以授权地方属地管理。②

我们需要明确的是，中央制定统一的政令与中央对专属事务的垂直管理，在功能、范围、方式等方面有原则区别，不应混同。中央形成的统一意志，部分由中央经由设置的垂直管理机关来实施，部分则授权地方负责贯彻和落实。"发挥地方积极性"则包括地方落实中央统一法律、政策规定的积极性和提供高质量地方性公共服务和产品的积极性两个方面。此中关键在于，中央的"统一"并非意味着其行政事权（管理权）无所不包，发挥地方的积极性首先体现在保证、督促地方执行、落实中央意志上。无论在理论领域还是在实践领域，我们都不能以意志的统一代替行政的统一，虽然行政的统一以意志的统一为前提和基础，但行政的统一比意志的统一需要考虑更多的因素，因而更显复杂。

基于中央与地方事务分为中央专属事务、共同事务、地方自主事务的类别框架，"中央的统一领导"在这三类事务中发挥指导功能的方式可以分为三种情况：

第一，在中央的专属事务范围内，中央必须作"统一而详细"且具有直接操作性的规定，一般由中央设置垂直管理部门直接负责执行。地方在该领域不享有制定规则和政策的权力，且在行政方面只负有协助义务。

---

① 郑毅. 论宪法上的"中央的统一领导"[J]. 法学家, 2021 (02): 26-40, 192.
② 王建学. 中央的统一领导：现状与问题[J]. 中国法律评论, 2018 (01): 46-53.

<<< 第二章 央地权责规范划分——走向宪法授权下的"职责分殊、权能一致"模式

第二，在中央与地方共同事务范围内，中央必要的"统一"则体现为有权制定"框架式"的统一规定，并考核、监控地方执法。"地方的积极性"则表现为地方在中央统一框架内制定实施细则的权力，地方有权在中央统一规定的原则、标准及程序的基础上，因地制宜地制定地方性法规、政策，结合地方实际积极贯彻落实中央法律、政策。① 该领域组织、规划、监督、考评的事权归属于中央，执行落实的行政事权一般授予地方，财政支出责任则由中央与地方政府分担。

第三，在地方性事务领域方面，地方应发挥充分的"主动性"，原则上地方有权根据各地实际需要，自主制定规则进行治理。中央必要的"统一"仅仅表现为通过"模范式"立法进行引导，并为保障该公共服务职能在全国范围内供给的基本均衡，由中央制定必须保障各地供给的最低标准，且对少数财力确有困难的地方，实施财政补助、人力支援或优惠政策。

应该说，上述解释基本符合20世纪90年代实施分税制改革以来，中央与地方事权、财权划分的实践经验和发展趋向。

（二）"地方"宪法地位的规范分析

通常来说，法学研究作为围绕法律规范和法律制度展开的规范研究，首先要做好法律规范的实证分析，用法教义学方法准确阐释既有法律规范的含义、结构和功能目的②，然后再进行法律社会学实证分析，全面认识法的实践效果和问题症结，最后，又回到法的价值与规范重构，揭示法律进化的可能方向。对于法学的规范分析来说，严格区分事实和价值是其方法论的基础，固然，事实如此，并非一定应该如此，但反过来说，之所以应该如此，肯定有其事实上对真的考量，所谓善基于真、真为善先是也。③这种法学研究对真的考量，是合规律性的考量，即对客观制约条件的充分把握和对行为后果的考察和预测；而对善的考量，乃是属于合目的性的考

---

① 任进. 地方立法的具体界限和关系问题[J]. 河北法学，1995（03）：21-27.
② 近年来，在我国宪法学界，运用法教义学方法的研究已蔚为气候。参见张翔. 宪法释义学：原理技术 实践[M]. 北京：法律出版社，2013：23.
③ 李泽厚. 己卯五说[M]. 北京：中国电影出版社，1999：47.

量，即对法律中已经蕴含的立法者的价值目的的诠释和对社会上可能上升为主导的价值的筛选。达成合目的性和合规律性的融汇和统一，乃是法学研究的最终归宿。

1. "地方"具有相对于中央的独立主体资格

我国宪法第三条第四款规定："中央和地方的国家机构职权的划分，遵循在中央的统一领导下，充分发挥地方的主动性、积极性的原则。"首先，我们从该款的内在逻辑来看，明确提到职权划分在两大主体之间进行，一是"中央"，另一个是"地方"，这说明"地方"国家机构是相对于"中央"国家机构的独立法律主体。宪法中的中央是国家的全国性政权及其最高组织机构的总称，形成并执行国家的整体意志。① 地方则是国家内部区域性的政权及其组织机构，一方面负责在本地区执行国家意志，另一方面，则是给本地人民提供高质量的区域性公共产品和服务。试想，如果"地方"没有相对于"中央"的独立性，又何须在中央与地方国家机构之间划分职权呢？

其次，从该款的字面来看，"充分发挥地方的主动性"的表述足以说明"地方"有其主体地位，如果没有主体地位，就谈不上发挥"主动性"。诚如学者所言，"地方主动性和积极性意味着地方国家机关是在本地方自发驱动下而非基于中央的强行指令下被动地行使职权"②。并且，"充分发挥地方的主动性"的表述还说明地方的主体地位不但具有防御可能来自中央侵害的消极性功能，而且具有需要建构基本法律制度予以尊重、扶持、保障的积极效应。

2. 地方政府具有双重法律地位，且其作为当地人大执行机关的身份具有优先性

宪法第一百一十条第二款规定："地方各级人民政府对上一级国家行

---

① "中央"泛指"国家政权或政治团体的最高领导机构"。参见中国社会科学院语言研究所词典编辑室. 现代汉语词典（第6版）[M]. 北京：商务印书馆，2012：1686.
② 王建学. 论地方政府事权的法理基础与宪法结构 [J]. 中国法学，2017（04）：124-142.

政机关负责并报告工作。全国地方各级人民政府都是国务院统一领导下的国家行政机关,都服从国务院。"根据这一规定,地方政府乃是国家的行政机关之一,要贯彻中央政府的统一意志,服从中央政府的统一领导。中央除国防、外交等专属事务自己直接执行外,其他事务则只负责制定法规政策和监督考核,具体的实施管理责任交由地方政府。中央负责决定事务的统一领导意志,地方政府充当了中央统一意志执行机关的角色,这种模式可以概括为"中央决策、地方执行"。决定这些事务的领导意志是中央和上级政府,具体实施管理责任是地方政府,这又类似于民事领域的"委托代理"关系。

然而,问题在于地方政府是否仅仅被宪法赋予了中央执行机关的法律角色呢?如果我们全面审视宪法和组织法的条文,则发现地方政府还有另一法定身份。宪法第九十六条:"地方各级人民代表大会是地方国家权力机关。"第一百零五条规定:"地方各级人民政府是地方各级国家权力机关的执行机关,是地方各级国家行政机关。"宪法第一百一十条第一款规定:"地方各级人民政府对本级人民代表大会负责并报告工作。"从这些条款可以看出,地方各级人民政府是地方各级人民代表大会的执行机关。地方人民代表大会是地方人民参政、议政、监政的地方权力机关,地方人大凝聚形成地方公意之后,并组织地方政府贯彻实施。由此可见,地方政府还有另一重法定身份——地方人民代表大会的执行机关。[1] 这在 2015 年第五次修正的《中华人民共和国地方各级人民代表大会和地方各级人民政府组织法》第五十五条中有更清晰的规定:"地方各级人民政府对本级人民代表大会和上一级国家行政机关负责并报告工作。县级以上的地方各级人民政府在本级人民代表大会闭会期间,对本级人民代表大会常务委员会负责并报告工作。全国地方各级人民政府都是国务院统一领导下的国家行政机关,都服从国务院。"

并且,在宪法和组织法的上述条款条文中,是将地方政府作为同级人

---

[1] 王建学. 论地方政府事权的法理基础与宪法结构 [J]. 中国法学, 2017 (04): 124–142.

大执行机关的身份排在前面，而将地方政府作为国务院领导下的国家行政机关的身份排在后面。① 我们知道，在法律条文中，尤其在宪法这样的根本大法的条款中，法律主体身份表述的优先次序是有重要的政治考量和价值衡量的，往往是立宪者认准的最重要的身份排在前面，从而体现立宪者优先的意义和价值追求。并且，从价值哲学的角度来说，现代社会，不同国家追求的价值的种类和内容其实是大同小异的，但各个国家价值的优先排序却大有区分，这才在根本上体现各国价值追求的实质差异。② 据此，我们可以发现，我国宪法条款次序排列的政治意义就在于，首先将地方政府定位为地方人民的政府，是地方人民意志的执行机关，即地方人大的执行机关，必须向地方人大报告工作，接受地方人大的监督。当然，地方政府还被宪法定位为国务院统一领导下的地方国家行政机关，然而，地方政府作为中央政府的执行机关，相对于其作为地方人大的执行机关来说，处于次要地位。

鉴于地方政府具有双重法律身份，我们就可以更准确地理解我国宪法第八十九条的规定。该条规定"国务院行使下列职权：（四）统一领导全国地方各级国家行政机关的工作，规定中央和省、自治区、直辖市的国家行政机关的职权的具体划分"，明确将中央和省、自治区、直辖市的国家行政机关的职权具体划分的决定权赋予了国务院。对此，也许人们会质疑，中央与省级地方政府职权划分这样的重要权力，为什么不赋予全国人

---

① 我国宪法第一百一十条规定："地方各级人民政府对本级人民代表大会负责并报告工作。县级以上的地方各级人民政府在本级人民代表大会闭会期间，对本级人民代表大会常务委员会负责并报告工作。地方各级人民政府对上一级国家行政机关负责并报告工作。全国地方各级人民政府都是国务院统一领导下的国家行政机关，都服从国务院。"《中华人民共和国地方各级人民代表大会和地方各级人民政府组织法》第五十五条规定："地方各级人民政府对本级人民代表大会和上一级国家行政机关负责并报告工作。县级以上的地方各级人民政府在本级人民代表大会闭会期间，对本级人民代表大会常务委员会负责并报告工作。全国地方各级人民政府都是国务院统一领导下的国家行政机关，都服从国务院。"

② 赵汀阳. 论道德金规则的最佳可能方案[J]. 中国社会科学, 2005（03）：70-79, 206.

大，反而赋予了最高国家行政机关呢？然而，我们只要仔细辨析条文"规定中央和省、自治区、直辖市的国家行政机关的职权的具体划分"，可以看出，此处授权国务院划分的是在国家行政系统中，中央与作为"国家行政机关"的省级政府之间的职权，而不是国务院与作为"地方权力机关的执行机关"的省级政府之间的职权。言下之意是，正因为在国家行政系统中，可以分为从中央到地方的多个层级，而授权作为最高国家行政机关的国务院来决定中央与地方层级的国家行政机关的职权的具体划分。在这里，省级政府充当的是"国家行政机关"的角色，而非作为"地方权力机关的执行机关"的角色。正是因为省级政府具有双重宪法地位，才导致人们在理解上出现偏差。

我国这样的规定既不同于联邦制国家在宪法中列举联邦政府的事权范围，而将剩余权归属于州的一般做法，也迥异于其他单一制国家在宪法中列举中央政府与各级地方政府事权的形式，而是更强调坚持中央的统一领导，并突出地方政府作为中央执行机关的中国特色。差别还在于，联邦制国家通过宪法赋予州的权力，是赋予州人民的权力，各州民主选举自己的代议机关，而各州的行政机关是州议会的执行机关。同样，单一制国家宪法赋予地方自治的权力，也是赋予地方人民的自治权，各级地方自治单位民主选举自己的代议机关，其行政机关也是本自治单位的执行机关。我国宪法也规定地方政府是地方人大的执行机关，要执行地方人大的决议、决定、法规、政策，然而，地方人大与全国人大的权限关系究竟如何？质言之，地方人大是否经宪法和法律赋予了自主事权？有何种自主事权？

我们注意到，新修订的立法法第七十三条规定："地方性法规可以就下列事项作出规定：（二）属于地方性事务需要制定地方性法规的事项"，赋予了省级人大在不同宪法、法律、行政法规相抵触的前提下就地方性事务制定地方性法规的权力，还进一步明确赋予设区的市人大对城乡建设与管理、环境保护、历史文化保护等方面的事项制定地方性法规的权力。这就意味着，地方人大作为地方权力机关，依据宪法和立法法，有了制定地方性法规的自主性权力。并且，立法法第七十三条规定："除本法第八条规定的事项外，其他事项国家尚未制定法律或者行政法规的，省、自治区、直辖市和设区的市、自治州根据本地方的具体情况和实际需要，可以先制定地方性法规。"这显然是赋予了地方人大针对地方性事务的先行立法权。由此，地方政府作为地方人大的执行机关，自然也就拥有了一定范围的地方性自主事权。除立法法第八条明确列举的十一项法律保留的事务之外，地方政府基于同级人大先行立法而承担的地方性事务的范围还是非常广泛的。当然，地方政府承担的地方性自主事权的范围和种类，尚有待地方人大和地方政府在实践中大胆探索，不断拓展。

地方政府执行地方人民的公共意志，服务于地方人民的利益，实属天经地义、义不容辞。问题在于，地方政府既要执行中央政府的意志，又要执行地方人民的意志，这一身二任，是否有其适用的事务范围的界限呢？质言之，地方政府是否在所有事务领域都是中央政府的执行机关？"地方各级人民政府是国务院统一领导下的地方国家行政机关"这一宪法规范是否有其适用的事务界限呢？然而，宪法和法律迄今没有明确界分，在何种事务范围，地方政府是作为地方人大的执行机关，又在何种事务范围，地方政府是作为中央政府的执行机关？诚如学者所言，"中央的部分专属事项、可委托地方事项和与地方共享事项甚至地方自主事项的执行机制完全混同在一起"[1]。迈入新时代以来，围绕中央与地方事权和支出责任划分出台的一系列新政策，就是试图解决这一现实难题，推动我国央地关系实现法治化。

不过，我们还是可以从上述宪法、组织法、立法法的规定中，理出这样一条区分地方政府两重身份的基本标准：在地方自主事务领域，地方政府充当的是地方人大执行机关的角色；而在中央与地方共管事务领域，地方政府则充当了中央政府执行机关的角色。至于地方自主事务和央地共管事务的区分及其范围，则是最高国家权力机关——全国人民代表大会的职

---

[1] 王建学. 中央的统一领导：现状与问题[J]. 中国法律评论，2018(01)：46-53.

权了。根据立法法的规定,在地方人大的地方性法规与国务院及其职能部门的行政法规、规章有冲突的时候,应由国务院提交全国人大常委会裁决,这说明国务院并非央地权限争议的最终裁定机关。地方人大自主立法权的范围和地方政府自主事务的范围,长期以来在理论和实践上都还没有得到充分解决,可随着我国政治体制改革的深入推进,在实践理性与经验的基础上方可获得越来越清晰的答案。

3. "中央统一领导"和"充分发挥地方的主动性、积极性"是不能割裂的有机整体的两个方面

在广土众民的大国,有必要划分必要的治理层级,形成统一的社会秩序,并同时保障和满足各地区人民的差异化需求,以提高国家整体的治理效率。因此,国家内部纵向权力的规范划分,实乃是实现国家治理现代化的一个重要方面。宪法第三条第四款所规定的"中央的统一领导"和"充分发挥地方的主动性、积极性",二者都是"民主集中制原则"之下人民意志的体现,属于一个有机整体的两个方面,不能割裂地理解。

借用中华传统文化中的阴阳概念,在公共领域的纵向权力配置中,"中央的统一领导"属于"阳","充分发挥地方的主动性、积极性"则属于"阴",尽管二者因所承载的功能不同而有质的区别,但二者必须处于一种阴阳互动、动态协调的均衡之中,才能保证长治久安。如果"阳"的方面过于亢进,严重压抑了"阴"的发展势力和成长空间,则孤阳不长。相反,"阴"的方面占比过大、势力过强,导致了"阳"的萎靡不振,这也是一种严重的病态,有机体就会面临解体的危险。在"阴阳鱼"的互动均衡结构中,"阴"与"阳"是一种互倚关系,一方以另一方为存在的前提和条件,任何一方缺少了对方的支撑,都无法独立存在下去。但二者又不是绝对的均分,它们而是在不同的环节、不同的部分有不同的搭配比例,而且,还需要根据情势发展做及时的动态调整。因此,调处中央与地方关系,需要高超的政治智慧,然而,万变不离其宗,其宗旨就是阴阳协

调，以保证政治共同体的中和长治。①

三、走向宪法授权下的"职责分殊、权能一致"模式

（一）在市场经济体制背景下，政府间权责分殊的必要性

1. 市场经济体制条件下中央与地方各级政府各有不同的功能定位

社会主义市场经济体制条件下，利益多元化成为不可逆转的发展趋势，人们在公共领域的需求也呈现多样化。根据马克思主义"经济基础决定上层建筑"的基本观点，我们有必要基于公共事务的性质和公共品受益的范围，通过宪法、组织法的明确授权，设立职责分殊的各级政府②，以提升整个国家公共管理和服务的效率和公正性。

迈入新时代以来，党和国家正致力于推进国家治理体系和能力的现代化，这首先就需要在国家治理理念方面与时俱进。如果说，在现代工商社会的市场经济体制下，经济要靠分工才能出效率，那么，与此相适应的现代民主政治，在公共品的提供上，各级政府也要贯彻功能分殊的效率原则。首先，中央与地方各级政府的功能定位应该是互有区分的。一般来说，一个政治共同体之所以必须设立中央政权及其机关，不是说它处于地理的中央，而是要求中央政权承担起维护世界和平、正义秩序的责任，从而发挥保障国家主权安全、领土完整和国内经济、社会发展的宏观调控的关键功能，这需要中央政权机关来凝聚、形成国家的整体意志，并实现国家的整体利益。相对而言，地方政权机关主要承担的是共同体内部经济、社会、文化诸领域的区域性的治理职能。其次，从公共产品的多层次特征来看，中央政府主要承担提供全国范围的公共产品和服务的职能，高层级的地方政府负责提供较大范围的区域性公共产品和服务，基层政府则主要

---

① 萧延中. 中国思维的根系：研究笔记 [M]. 北京：中央编译出版社，2020：72.
② 本课题论域中所称的政府，并不局限于仅仅充当行政机关的"政府"的狭义用法，而是意指中央与地方各级政权组织，主要包括作为权力机关的各级人民代表大会和作为行政机关的各级人民政府，是一种广义上的"政府"。为了便于区分，凡是论及作为行政机关的狭义"政府"时，本书一般以"人民政府"来指称。

承担为当地人民提供公共品和服务的局部性职能。最后，在宪法和组织法授权的范围内，各级政府应该配置与其功能相称的权力和能力，以保障各级政府功能的有效发挥。

2. 落实"两个积极性"宪法原则的基点在于确认并保障中央和地方各自所代表的不同正当利益

在中国的央地关系调处中，国家曾经有过数轮权力上收和下放的调整。新中国成立初期，共同纲领第十六条规定："中央人民政府与地方人民政府间职权的划分，应按照各项事务的性质，由中央人民政府委员会以法令加以规定，使之既利于国家统一，又利于因地制宜。"此为在国家根本性法律层面首次涉及央地关系动态调整原则。① 1954年宪法是社会主义政权初建的蓝本，但在央地权力配置领域的有效经验还不多，故对央地关系并没有作出明确规范。1975年宪法和1978年宪法都是计划经济体制的产物，以中央集权为主旨，虽然有过两轮权力下放，但地方并不具有相对于中央的独立主体资格。现行宪法作为一部"改革"宪法，在"发挥两个积极性原则"的精神指引下，在央地关系方面已经积累了相当丰富的经验。从邓小平总设计师"看准了的，就大胆地试，大胆地闯"的谈话②，到习近平总书记"大胆闯、大胆试、自主改"的论述③，都对地方正当利益及其自主权力进行了充分的肯定与期待。

在新的历史时期，国家走出"放乱收死"的循环，央地关系的规范调整正面临难得的机遇。一方面，中央的统一领导与地方的主动性和积极性构成一对矛盾，全面认识我国的央地关系以及准确理解地方的主动性和积极性，我们都不能忽视中央的统一领导。④ 基于社会主义根本政治制度的安排，地方各级人大通过多层代表制产生全国人大，由全国人大形成全体人民的共同意志，即宪法和法律，地方人大要保证它们在本行政区域的

---

① 许崇德. 中华人民共和国宪法史 [M]. 福州：福建人民出版社，2005：64.
② 邓小平. 邓小平文选：第三卷 [M]. 北京：人民出版社，1993：372.
③ 新华社. 习近平在参加上海代表团审议时强调推进中国上海自由贸易试验区建设加强和创新特大城市社会治理 [N]. 人民日报，2014-03-06.
④ 王建学. 中央的统一领导：现状与问题 [J]. 中国法律评论，2018（01）：46-53.

"遵守和执行"。虽然地方人大与上级及全国人大之间不是领导关系，但全国人大和上级人大能够通过立法并监督其实施的方式来获得地方人大的遵从。由此，地方人大必须在本地方人民利益和全国人民总体利益之间寻求一致。① 另一方面，不同的地方可能集中了不同立场或利益偏好的人群，因而地方自主允许他们通过地方民主过程来充分表达并实现自己的利益诉求。② 这里的关键正在于中央要有统一的权威秩序，地方要有因地制宜的发展活力，既要保证全国整体意志与利益的有效实现，也要保障地区人民意志与利益的充分满足，二者最终统一服务于每个人有尊严的幸福生活。

（二）"职责分殊、权能一致"新模式的基本要求

1. 确立各级地方政府与中央平等的法律主体资格

基于"职责分殊、权能一致"模式的内在逻辑，我们首先应当确立各级地方政府与中央平等的法律主体地位。如前所述，我们通过对我国宪法相关条款的规范分析，可以得出地方政府首先是地方人民意志执行机关的结论，那么，当务之急就要确立各级地方政府相对于中央的平等主体资格。赋予地方政府法律主体资格，就是要按照职责分殊的原则，明确地方政府相对于中央的自主的职责权限。这就需要系统修改我国的地方组织法，彻底改变将不同层级地方政府的职责权限规定在同一法条中的传统做法，明确各级地方政府各自相对独立的自主事权。③

虽然，长期以来，地方政府事实上更多地充当了中央政府领导下的执行机关的角色，这显然与民族国家建构初期强调国家的统一和完整的时代任务息息相关，而计划经济体制更是强化了地方政府作为中央执行机关的代理人角色。随着国家的稳定和强大，在社会主义市场经济体制条件下，国家建设的重心就必然转到经济、社会、文化上来，国家的任务就重在提

---

① 于文豪.论建设社会主义法治国家中的地方[J].法学家，2020（04）：40-53，192.
② 苗连营，吴礼宁.论央地法律关系中的宪法主体及其利益博弈[J].河南财经政法大学学报，2012，27（06）：29-37.
③ 熊文钊，史艳丽.试论行政组织法治下的行政体制改革[J].行政法学研究，2014（04）：63-71.

供高质量和高效率的公共产品和服务。鉴于委托代理模式的内在偏颇和缺陷，地方政府有必要从委托代理的片面关系中走出来，更多地承担起自主为当地人民提供高质量属地公共品的任务。这就必须通过完善宪法和组织法，赋予地方政府相对于中央政府的平等主体资格。地方政府固然应当尊重中央的权威，不能违背和损害国家整体意志和利益，然而，中央政府也要尊重地方的主体资格，尊重并保障地方的正当利益。① 只有这样，中央和地方各级政府既有分工，又有合作，中央和地方两个积极性才可以得到充分的发挥。

当然，地方政府的平等主体地位，是在地方政府被依法赋予了自主权力的前提下才成立的。也就是说，当地方政府被宪法和法律明确赋予了一定范围的自主权限的时候，地方政府才具有了在法律上的平等主体资格。② 在地方层面，客观存在着多元的利益和多样化的属地需求，因此，即使在单一制体制下，地方治权的合理存在与自主行使也是有必要的。地方政权依法被确认了一定范围的局部性利益，因其具有法律赋权的正当性，不会构成对国家主权完整性的破坏，这是中央与地方分权法治化的必然发展趋势。③ 上述分析已经阐明，地方人大拥有了宪法和法律赋予的有关地方性事务的自主立法权，地方政府作为执行机关也就相应拥有了一定范围的执行地方性事务的行政权。2019年党的十九届四中全会通过的《中共中央关于坚持和完善中国特色社会主义制度、推进国家治理体系和治理能力现代化若干重大问题的决定》明确指出："赋予地方更多自主权，支持地方创造性开展工作。"正是在地方政府拥有了地方性自主事权这一意义上，我们才能说地方政府拥有了与中央政府平等的法律主体资格。

经宪法和法律授权，地方政府有了在法律上与中央平等的主体资格，然

---

① 杨海坤，金亮新. 中央与地方关系法治化之基本问题研讨[J]. 现代法学，2007(06)：23-30.
② 苗连营，王圭宇. 地方"人格化"、财政分权与央地关系[J]. 河南社会科学，2009，17(02)：66-73，219.
③ 倪斐. 地方法治概念证成——基于治权自主的法理阐释[J]. 法学家，2017(04)：116-130，179.

而，基于市场经济体制背景下公法主体功能分殊的原则，中央和地方各级政府的职责权限各自有别，由此，在政府间形成职责分殊的格局。

当然，地方政府充当地方人民的治理机关，并不排斥地方政府也同时可以充当中央和上级政府的执行机关，前者是基于地方政府被依法赋予的自主事权，后者则基于地方政府在央地共同事权中的实施者角色。在根本利益上，这两种身份其实是统一的，都在于更加高效地满足人民在公域的公共性需求。甚至在少数情况下，地方政府接受中央的特别委托，在本区域内代行某个领域的部分中央事务，这也是一种降低整体国家行政成本的可行做法。至于在国家整体的宪法体制中，中央事权、共同事权与地方事权如何分配、如何调整才能达到科学、合理、规范的格局，这是一个与时俱进的重大政治决策问题，需要综合考量主权安全、治理效率、人权保障等多种因素，还要在根本上必须服从于保障和增进中国人民尊严福祉的崇高事业。

2. 赋予各级地方政府与其权力能力相匹配的行为能力以保障政府内部权能一致

我国法理学关于法律主体权利（权力）能力和行为能力的论述，主要针对民事法律领域。行政法理论在讨论行政主体的构成要素时，也局限于行政主体充当独立的被告以追究其行政法律责任方面，对行政主体履行职责的能力则关注不多。[①] 其实，公法主体，也同样存在权利（权力）能力与行为能力相匹配的问题。法律一旦创设一公法主体，就必然赋予该公法主体在法律上履行权力的正当资格，授予其法定职权。公法主体依法管理一定范围的公共事务以实现公共利益的资格，就是该公法主体的权力能力，这在财政学上通常称为事权。在赋予公法主体权力能力的同时，也要授予其相应的行为能力，这就如同民事领域中法人的权利能力与行为能力自始就同时具备一样。如果不同时赋予公法人相应的行为能力，公法主体有权无能，则会导致其职能无法正常履行。实际上，在我国，作为公法主

---

① 叶必丰. 行政组织法功能的行为法机制[J]. 中国社会科学，2017（07）：109-130，206-207.

体，地方政府的行为能力与其权力能力并不总是匹配的。这一方面反映了我国公法人理论的落后，另一方面则是由于我国政府间关系长期困扰在委托代理模式之中，地方政府主要充当中央政府的代理执行机关，其法律主体地位常常湮没不闻。

我们走出我国政府间的委托代理模式及其体制机制，除上文所说赋予地方政府主体资格，明确其法定的职责权限之外，还有一个重要的课题，就是赋予地方政府与其权力能力相匹配的行为能力。所谓地方政府的行为能力，就是要依法赋予地方政府履行其公共职能所必须的财权及财力。[1] 学术界长期争论的政府事权与财权、财力的匹配难题，转换成法学语言，就是公法主体的权力能力与行为能力的匹配问题，而其法理基础正在于，承认地方政府的独立主体资格。只有在宪法和组织法层面明确了地方政府的主体资格，其权力能力与行为能力的配置难题才有真正解决的体制基础。

我们还要清醒地认识到，我国政府间关系的规范调整是从1994年的分税制改革正式开始的，而且，分税制改革取代财政包干制，之后政府间财权、财力的反复调试，是在一种倒逼机制下逐步深入的。所谓倒逼机制，就是说，改革不是在宪法法律层面按照规范设计依次展开的，而是在既有委托代理模式难以为继的压力下，迫于应对现实危机而以中央改革政策推动并逐渐深化的。按照公法人的内在逻辑来讲，应该是政府间事权划分在前，政府间的财权、财力匹配随后进行的。然而，我国的分税制改革，俗称"分灶吃饭"，其目的在于打破统收统支的大一统财政体制，走向与市场经济相吻合的分级财政体制。其实践逻辑在于财权、财力的调整，再反过来迫使政府间事权的规范划分。改革政策也从"提高两个财政比重"，过渡到"财力与事权相应"，再发展到"政府事权和支出责任相适应"。[2]其背后的发展轨迹是要从公法主体的权能分割体制走向权能统一体制。

---

[1] 杨海坤，金亮新.中央与地方关系法治化之基本问题研讨［J］.现代法学，2007（06）：23-30.

[2] 郑毅.论我国宪法文本中的"中央"与"地方"——基于我国宪法第3条第4款的考察［J］.政治与法律，2020（06）：68-84.

第三章

政府间权责划分的他国经验及其启示

现代以来的单一制国家基于政治民主的理念，普遍流行一种地方自治的做法，通过宪法和法律扩大地方自治权来克服中央集权的僵化体制，激发地方的活力，保证人民的自由、平等权利。联邦制国家则为平衡地区间的发展差异，有效地维护国家的稳定和安全，联邦政府正通过修订宪法发展出越来越多的监控地方的权力和手段，使联邦政府的权威大为加强。这两股趋势已经在一定程度上拉近了单一制和联邦制的距离，使单一制与联邦制的区分仅在发生学上，其实质内涵正趋向于融合和统一。"前者由分散走向集中，后者由集权走向分权，演变的结果是实同名异、大同小异的合作与平衡型的地方自治格局。"① 法国迅猛推进的地方分权改革、日本的"地方分权自治"、美国联邦与州从二元分权到合作共治、德国的"合作型联邦制"，经过历史的演进，如今已发展成实质上同类的中央与地方关系，即一种"复合共和国"的中央与地方关系制度。②

一、传统单一制集权国家的地方分权改革——以法国为例

实际上，法国是一个中央集权程度很高的单一制国家。地方分权运动早在1830年七月王朝时期就发轫了，但现代地方分权的真正起点乃是第三共和国初期1871年8月10日关于省份的法律和1884年4月5日关于市镇法律的颁行。一直到第五共和国时期，地方分权才重新获得巨大发展，1958年法国的宪法第七十二条认可了地方行政区的行政管理自主原则，即

---

① 喻希来. 中国地方自治论 [J]. 战略与管理，2002（04）：9-23.
② 谢庆奎，杨宏山. 府际关系的理论与实践 [M]. 天津：天津教育出版社，2007：15.

地方分权原则:"这些地方行政区遵照法律规定的条件,自主管理。"法国宪法第三十四条则规定了地方行政区自主管理、职权范围和财政收入的基本原则。自此,地方分权改革发展成为不可逆转的趋势。① 从20世纪80年代开始,法国开展了两次大规模的分权改革。

(一) 1982年法律规定的地方分权改革

1981年,加斯东·德费尔(Gaston Defferre)组阁的新政府着手进行地方分权的重大改革,于1982年3月2日颁行了《关于市镇、省及大区的权利和自由法》,之后又在此基础上制定了大量的有关地方分权改革的法律、法规,重要的有:1982年关于市镇议会选举方式的法律,1983年关于权限划分的法律,1988年关于完善地方分权的法律,1999年关于加强市镇合作并简化合作手续的法律及2002年关于进一步走向民主的法律等。1982年,分权改革对中央与地方的关系进行了一次重大改革,扩大了地方的自主权,改变了高度集权的体制,使中央与地方的关系朝着分权化的方向前进了一大步。② 自此以后,大区正式成为一级地方行政单位,省和地区的地方事务的决定权转到了民选的议会上,过去许多由中央负责的涉及地方的事务改交地方管理,并向地方行政单位提供了行使其新职权的必要的物质手段,尤其是财政保障。

1982年改革具体涉及三个方面的内容:

第一,关于地方行政区的建制和功能。法国废除了地方分权中的反常失序之处,例如,省长作为国家代表,却一度成了大区和省这些地方分权单位的执行者,新法颁行之后,改由大区议会议长和省议会议长负责执行各自议会通过的决议;废除了监护之说,代之以行政监督,由行政法院事后实施行政监督;法律允许在可以评估的限度内,介入地方行政区的经济社会领域;监督地方行政是国家(国家代表)的一项重要职责;成立大区审计法庭,对地方行政区的财政进行监督;对市镇议会的选举方式进行了

---

① 里韦罗,瓦利纳.法国行政法[M].鲁仁,译.北京:商务印书馆,2008:113.
② 许振洲.法国的地方分权改革——理论动因与托克维尔[J].欧洲,1995(01):17-27.

重要改革。上述改革措施坚持了"地位同一"的传统①，使得市镇、省和大区三类地方行政区都服从基本同样的准则。

第二，国家与地方行政区之间的职权划分。1983年法律规定了权限转移的基本原则和方式：一是职权转移不应导致一个行政区对另一个行政区的监护（经常发生在交叉投资领域）；二是避免职权重叠。然而，地方与国家争夺各种共同利益（在国土整治、经济、社会、卫生科技、环境保护等领域）的事权使得大量事务变成了共管事务，并为此而成立了各式各样的团体和拟定了各种各样的协议，这导致职权转移的排他性和总体性大打折扣，几近消失。尽管立法机关继续认同省和市镇的各种事务和职责，交给市镇、省和大区处理，要比交给国家处理更好，然而，有关大区、省、市镇的权限划分，相关法律是按照教育、社会救助等事权分别制定的，而不是针对每个行政区制定的。法律规定，制订计划、发展经济、培训学徒等职权划归大区，社会和公共卫生活动、学生接送等职权划归省，城市建设规划则划归市镇。但实际上，这些范围的职权也有留给其他行政区或中央的情况，例如，大区制订了大区发展计划，则相关市镇即可就经济、社会、文化诸领域，制定一个发展和整治文书予以配合，而市镇历史文化遗产的保护则可以留给中央来进行管理。中央向各省和大区转移职权时，可以一并将相关的机构转移，中央代表与当地的议会议长订立协议，确保职权转移与机构重组同时进行。随着职权的下放，最重要的保障在于给地方行政区配备必要的财源，国家一般通过财政综合补助（如公务运作总赠款和装备总赠款等）专项补助、津贴等财政转移支付方式救济地方，但这一问题的彻底解决，还需要依赖彻底改变国家税制和地方税制，将某些国家税收转归地方。

第三，地方公职的地位。所有地方官员，无论是市镇、省还是大区聘用的，统统属于一个唯一的、同样的地方公职群体，且服从同样的法规；

---

① 丁煌. 法国政府的地方分权改革及其对我国政府管理的启示 [J]. 法国研究，2002（01）：154-163.

所有地方官员都具有国家公务员身份,并服从源自这种身份的规章制度;地方公务员如同国家公务员,也按照职业分为A、B、C、D四级,并按其活动性质,形成相应的几个群体,但他们都通过公开的竞争性考试招录进来的,他们的升迁、待遇、纪律等都遵从与国家公务员类似的规则,享有同样的保障,这种几乎相同的地位,使得地方公职和国家公职之间可以互相转化。由一些公共行政机构——管理中心来管理公务员职业,有一个地方公职高级委员会,负责研究公务员地位的落实情况和可能发生的变化,在纪律处分方面,起着上诉法院的作用。这些措施对地方机关选择职员的自主权进行了严格的限制。

(二) 2003年宪法性法律规定的地方分权改革

2003年3月28日,法国通过的《关于共和国地方化分权结构》,宪法性法律是一个雄心勃勃的地方分权改革的总体纲领。它以建立一个亲密无间的共和国为目标,确定并组织向地方行政区转交若干国家职权,同时必须满足在共同行动中协调一致的要求,并贯彻名副其实的"民众参与原则"。

第一,对既存规则的系统化。我们需要进一步确认地方分权的原则,该法第一条规定:"共和国的结构是地方分权的",在共和国地方行政区名单中列入了一种地位特殊的地方行政区;用法规进行实验:"法律规章可在限定的目标和时间内,含有实验性的条款",但法律必须明确规定评估程序,在限定的实验时间届满后,要对维持、改变、推广和放弃实验作出结论,规定"地方行政区拥有某种规章制定权,以便履行其职责",但并非全部规章的制定权。关于地方行政区的财政自主权问题,2000年7月12日,宪法委员会的判决中确立了以下原则:不得造成缩减地方总财源的后果,也不得使地方在财政收入中的所得份额减少到妨碍其自主管理的程度,即法律确定的准则。近年来,由于地方能够从确立税率中受益,得到的税收已被国家废止,地方的财政自主权日益减少,因此,地方预算占国家补偿份额的比重日益增大,地方行政区确定其预算时,掌控税收的余地就变小了。参议院曾试图通过法律议案规定:各级地方行政区的收入,不包括举债，至少有一半，是其自身的税收和其他收入组成，但后来被政府法案以"地方行政区的税收和其他收入占它们全部收入的一个决定性份额"的说法所取代。最后，加强了地方行政区之间的合作，法律规定："当履行某种职责必须几个地方行政区协作配合时，法律可以允许其中的一个行政区，或者它们当中的一个团体，出面组织安排它们的共同行动。"

第二，地方行政区没有执行法律规章的权利。法国宪法第七十二条第四段规定：在一个组织法预定的条件下，除非对公众行使某项自由权或行使得到宪法保障的某项权力的基本条件产生争议，地方行政区或地方团体，可以参酌法律规章预料到的情况，在限定的目标和时间内，实验性地不执行规定其履行职责的法律规章。此前，在2002年科西嘉已进行了不执行现行法律准则的实验，但遭到了宪法委员会的否定，这次修改宪法，消除了这种地方实验的宪法障碍。2003年8月1日法国的组织法明确表述了进行这种实验的条件，一个法律可以确定这种实验的目标和期限以及容许实验中触犯的法律条款，一项实验一般不得超过5年，可以延长1年，这样，各地方行政区可以自愿实验，经中央核查后，通过政令发布名单。在法律规定的实验期限届满前，中央政府要公开发布一个相关报告，由国家议会作出决定：或者结束实验，或者在必要时，改变方式，延长实验期限，或者推广经过实验的措施。①

第三，职权划分的辅从性原则。从属原则一直被认为是联邦制国家的一个分权原则，目前在欧盟内部也在进行实验。法国宪法第七十二条第二段规定："地方行政区拥有作出在当地可能得到最好贯彻的决定的全部职权。"这一原则改变了法国传统所有决策都要在中央政府作出的自上而下的行政理念，在中央与地方事权配置上要求体现领土单位优先原则。然而，充分贯彻该原则还有待对条款中的"最好贯彻"作出妥当解释。

第四，贴近民生：诉诸请愿权和公民投票。选民可以行使请愿权，要求将地方职权的决议列入当地议会的议事日程中，一个地方行政区也可以

---

① 里韦罗，瓦利纳. 法国行政法 [M]. 鲁仁，译. 北京：商务印书馆，2008：131.

将其决议草案和条例草案交给公民投票,由选民作出裁决。只要超过半数的投票同意即可通过决议,但公民投票也受到政府换届和全民公决的影响,无疑会与地方议会的行动构成冲突,这种做法有待实践的验证。

第五,权限转移必须伴随相应的收入转让,实质就是事权与财权相统一原则。这一原则是指为行使事权所必须的收入应当与事权转让同步进行,并且自转让之日起受让方有权对为行使这一职权所需要使用的动产和不动产进行支配。该原则表明财政收入应随事权转移而转让,在财政支出方面地方政府拥有自主权。反之,如果中央只是将事权分配给地方,并没有给予相应收入转让的话,地方自主性则必然会受到中央权力的影响,进而会严重削弱领土单位对事务自我决定的权力。[1]

我们通过上述改革,一方面,明确了法国中央与领土单位之间功能的准确定位。法国对中央到大区、省、市镇各级政府功能的定位分别是中央履行统领与调整功能、大区级发挥协调与战略功能、省级是管理者、社会连带政策负责人以及贴近性设施提供者,而市镇级是最基层服务的提供者,负责与市民生活紧密相关的工作和贴近性服务的提供。另一方面,改革也使得各级政府之间的事权得到了规范配置。概括而言,中央的主要职能是在安全、司法、大学教育、就业、公共卫生、领土单位之间的平衡等方面,大区的主要职能表现在经济方面起经济发展协调作用,省主要履行社会连带责任方面的职能,而市镇则具体负责城市规划与交通、颁发建筑许可证、公立小学教育、制定地方住房规划以及市镇图书馆与博物馆的资助、维护等。

(三)法国央地事权划分的总体态势

法国近现代的地方改革,尤其是自 1982 年以来 30 多年的改革,在保持和维护国家主权独立至上、完整统一的单一制传统的同时,地方权力配置和自治得到了很大程度的推进:第一批法律废除了各级监督部门的监察

---

[1] 张丽娟.法国中央与地方事权配置模式及其启示[J].中共中央党校学报,2010,14(03):93-96.

之权，省一级行政长官变成省议会议长，大区成为新一类别的地方团体，国家转给不同类别的地方团体一次性系统权力。法国在通过其他一些零散法律对上述成果加以巩固之后，于2003年开始第二次宪政性改革，专注于"权力下放的共和国"这个层次。这一次改革确立了地方团体的经济自主原则，同时允许实验性权力的出现，并且转交给地方一系列新的管辖权。最后，在2010年的第三次改革中，议员们提出了一系列新兴地方权力的配置方案。按照国家改革部部长Marylise Lebranchu女士的说法，这次地方改革是基于"总结30年地方分权的经验"进行的。一些新的权力应该以"整块管辖权"的形式，一步到位地转移给地方政府，一套完整的地方高级顾问及国家和地方商议机构应该建立起来，地方团体实验性权力应该更加扩张。①

经过长时间的改革和调整，当前法国的各级地方政府已经成为独立于中央政府的行政组织机构，实行自主管理原则，不同层次的地方政府负责维护某一特定区域的居民的利益。法国的地方政府具有三个基本特征：一是拥有不同于中央政府的独立法人资格，因而有权力进行司法诉讼。据此，地方政权享有行政自主权，拥有自己的公务人员和预算。二是每级地方政府都拥有自己特有的事权，各级地方政府的事权范围划分由国家立法机构进行规定，即议会通过法律规定。三是地方政府通过一个由民选议员组成的协商会议来行使决策权，各项决议由地方行政机构付诸实施，每一级会议只对选举它的选区、选民负责。

二、单一制国家中的分权自治模式——以日本为例

日本自明治维新以来所形成的中央集权的行政体制已经发生根本性的变化，地域行政由居民自主决定，并自我承担责任，国家与地方的关系也相应地从领导命令型转变为对等合作型。日本的地方分权推进，以转换中央集权型行政体系、构建分权型行政体系为目标。1993年6月，日本国会

---

① 王浦劬，等. 中央与地方事权划分的国别研究及启示［M］. 北京：人民出版社，2016：331.

参众两院作出"有关推进地方分权的决议",并于1995年5月制定《地方分权推进法》,之后遂成立地方分权推进委员会。日本中央政府接受地方分权推进委员会的劝告,于1998年5月制定《地方分权推进计划》,并于1999年7月公布了《地方分权总括法》,以法律的形式确认了多年来形成的地方分权成果。2000年,日本新的《地方自治法》实施,战后的地方体制随之产生巨大的变化。这些改革表明,在中央与地方政府之间搭建"对等"和"协商"的关系已经成为日本政府体制改革的基本理念。[1]

（一）国家与地方公共团体新关系的构建

国家与地方公共团体新关系的核心是作用的适当分担和国家控制的最小化。

第一,在《地方分权总括法》中,明确了国家与地方公共团体作用分担的基本方向。日本根据《地方分权总括法》、大幅修改的《地方自治法》规定了地方公共团体的目的和国家应当考虑的事项,并进一步明确了在立法和法令解释中国家应当考虑的基本事项。第二,废止了机关委任事务制度,重新区分了地方公共团体事务。[2] 具体包括:撤销了主管大臣与都、道、府、县、知事的指挥监督权及都、道、府、县知事的撤销权与停止权,废止了职务执行命令。此外,《地方自治法》将地方公共团体事务区分为自治事务与法定委托事务（二者在事务的性质、法律对待、国家等的干预等方面存在较大差异）,并据此修改了相关法令中有关机关委任事务的条款。第三,新的《地方自治法》创设了国家与都、道、府、县对普通地方公共团体干预的原则、基准、程序等制度,实质性地改变了国家与都道府县的干预行为。第四,推进从国家向地方公共团体的权限移交。修改

---

[1] 王浦劬,等.中央与地方事权划分的国别研究及启示［M］.北京：人民出版社,2016：339.

[2] 机关委任事务制度是中央集权型行政体系的核心制度,即把都道府县和市町村作为国家的下属机关而处理国家事务的组织制度。过去,机关委任事务涉及都、道、府、县事务的70%~80%,占市、町、村事务的30%~40%,涉及的事务范围广泛。参见宫泽俊义.日本宪法精解［M］.董璠舆,译.北京：中国民主法制出版社,1990：61.

相关的 35 个法令，推行权限移交，创设特例市制度；修改 15 个法令创设了依条例处理事务的特例制度等。第五，修改了必置规则，对以往的必置规则采取了废止或者放松的方式予以修改，为此修改了 38 个法令的必置条款。① 第六，在行政制度层面上实现权限转让而缩小立法性控制。在财政制度方面，将法定外目的税、地方债的许可制改为协议制，扩大了地方财政的自主权，为贯彻受益与负担平衡原则来充实地方税，全面整理国库补助负担金制度，内阁还决定将国库补助负担金、交付税、转让税的税源分配为三位一体，并出台了具体的决策方案。②

（二）地方公共团体的体制完善

首先，合并市、町、村以提高自治单位的行政与财政能力，激发地方议会的活力，妥善解决地方公共团体的人才培养、行政评价和政策评价等问题。其次，居民自治的充实。创设和导入各种新型居民参加制度及公共建设制度，修改和扩大居民直接请求制度，将居民投票制度化，充实居民参加基础的情报公开方面的相关制度。最后，规范国家或者都、道、府、县干预。国家或者都、道、府、县干预是指国家、都、道、府、县依法对普通自治团体的干预，以及国家的行政机关对有关地方公共团体或者其他机关处理、管理、执行事务作出许可、认可等处分及受理申请等其他行为，包括干预主体、干预的基本类型、干预的基本原则、干预的程序等事项。干预的主体主要是国家和都、道、府、县的行政机关，不包括国会、地方议会、法院、会计检察院、内阁等。干预的形式包括：1 号干预（指建议、劝告、要求提供材料、要求纠正、同意、认可及许可、承认、指示、代执行、并列行使职权等方式），2 号干预（主要指协议），3 号干预（指对普通自治地方具体的、个别行为的干预，包括检查、监督和例外的

---

① 必置规则是国家控制地方公共团体的手段之一，是指地方公共团体处理事务时，在广泛的范围内基于法令等义务设置相关组织与配备相关人员的规则，包括名称、基准、资格等事项。参见财政部财政制度国际比较课题组. 日本财政制度 [M]. 北京：中国财政经济出版，1998：38-64.

② 曾祥瑞. 新日本地方自治制度研究 [M]. 北京：中国法制出版社，2005：163-167.

命令、确认等方式)。无论何种形式的干预都要遵循法定主义及其他干预的基本原则,并遵守各种程序规则,适用法定的纠纷处理规定。①

(三) 日本地方自治的特色

第一,有完整的法律、法规体系作为地方自治的制度依据。首先,在宪法中有专章规定地方自治的原则和基本制度框架;其次,以《地方自治法》及其施行令、施行规程作为基本法;最后,以其他涉及地方财政、地方立法、地方组织、地方与国家关系及地方相互之间关系等方面的法令、规则、规程作为具体的实施性法律文件。这就从整体上形成了一个自上而下、包括全部地方自治领域的地方自治法律体系。②

第二,日本地方自治的设置相同、组织统一。普通地方自治团体在纵向上分为都、道、府、县和市、町、村两级,在横向上包括地方公共团体议会和以首长为代表的执行机关。当然,日本除了有普通地方自治团体之外,还有少量依法而立的特别的地方自治团体。

第三,日本的地方自治组织具有完整的自治权。这包括自治立法权、自治行政权、自治组织权和自治财政权等。日本在中央与地方之间事权划分方面的显著特色是中央与地方的共管事务占相当比重。除国防、外交和公安明确由中央负责,消防、港湾、城市规范、公共卫生和住宅明确由地方政府负责以外,诸如公路、河流、教育、社会福利、劳动、卫生、工商农林行政等大多数行政事务都由中央与地方政府共同负责。共管的方式有两种:一是将某些事务分成许多管理环节,然后明确规定中央与地方各自的责任范围;另一种是对于某些公共事务,确定中央与地方的经费负担比例,而前者居多。例如,社会福利,中央负责全面规划和指导,并掌管各种保险基金、年金基金;市町村负责卫生保险、公益当铺和公民养老金征收。在财权划分方面,日本各级政府间财权的划分以税源为基础,由法律作出明确的规定,地方税的设置和税率也由中央政府以法律的形式加以规

---

① 曾祥瑞. 新日本地方自治制度研究 [M]. 北京:中国法制出版社,2005:168-175.
② 曾祥瑞. 新日本地方自治制度研究 [M]. 北京:中国法制出版社,2005:221.

定。中央税收立法由内阁中的大藏省负责立案，由国会批准。日本中央与地方税源划分主要遵循以下三个原则：一是税源划分以事权划分为基础，各级政府事务所需经费原则上由本级财政负担；二是便于全国统一税率并统一征收的大宗税源归中央，征收工作复杂的小宗税源划归地方；三是涉及收入公平、宏观政策的税种划归中央，地方税以受益原则为依据，主要实行比例税率或轻度累进税率。

　　日本都、道、府、县的税收管理权限较大，也拥有法定范围的地方税的立法权，主要是在税率和一些小税种征收方面给地方政府以自主选择权，关于税率，对一些主要的地方税种、税法一般规定了标准税率和最高税率。标准税率设置的意义在于，它是中央政府分配转移支付资金时计算地方标准财政收入的税率，实际上，标准税率并不等于地方的最低税率，地方政府为了保证其财政收入，一般采用略高于标准税率的税率。这是税收立法权集中到中央后，为了确保地方的自主权来调动地方政府的积极性的必然要求。中央政府为了防止地方税和中央税的重复征收，因而对地方开征的地方税的标准掌握得较为严格，这种制度在日本被称为"课税否决制度"。① 这一制度允许地方政府在地方税法列举税种的范围内自行决定开征的地方税，但地方政府的征税计划若超出法定税种范围时，其新开征税种必须经自治大臣批准。日本依靠"课税否决制度"，不仅可以限制地方政府擅自开征地方税，还可以对地方税税率进行适当限制。日本政府采取这一做法的目的，在于防止因税收分权出现税率混乱、税政差别过大的现象，从而导致全国不同地区的税收失衡，妨碍公平竞争。日本的税收征管分为两大税务系统，即国税由大藏省下设的国税厅及其分支机构负责征收，地方税由都、道、府、县、市、町、村税务机构负责征收，这说明在日本，地方税的征收管理权属于地方一级。

　　第四，国家与地方自治团体之间是一种对等、协作的作用分担关系，国家对自治团体的干预遵循法定主义原则。日本新的《地方自治法》根据

---

① 财政部财政制度国际比较课题组．日本财政制度 [M]．北京：中国财政经济出版，1998：108．

《地方分权推进法》《地方分权总括法》进行了本质性修改，其核心是重新厘定国家与地方公共团体的关系，将原来的上下、主从关系转变为对等、协作关系，并将国家对地方公共团体的干预限制在必要的最小范围内，严格遵循法定主义原则。同时，日本废止了机关委任事务、缓和了必置规则、放松了许可证制等，增强了地方自治团体的自治意识和自治责任。在扩充国民参政、议政等权益的基础上，日本发展了地方公共团体，提出意见权制度，以保障地方对有关地方的国家立法和政策活动的实际参与。

第五，运用司法途径来解决国家与自治团体、自治团体相互之间及自治团体内部的矛盾纠纷。日本的居民诉讼的对象范围呈扩大趋势，机关诉讼的实例日益增多，通过居民诉讼有效地保障了地方公共团体行政活动的合法性和公正性，以落实地方自治团体的自治责任。机关诉讼的确立，必须以完备的中央与地方关系的法律规定为前提，这涉及二者之间管辖权限的划分、中央对地方的监督机制及地方不服中央干预的救济渠道等事项，日本通过机关诉讼有效地实现国家干预的法定主义原则。

三、联邦制国家从二元分权到合作共治——以美国为例

美国是典型的联邦制国家，政府间权责划分主要源于历史和实践，它经历了"二元联邦主义""合作联邦主义""集权联邦主义"等时期的多次调整和变迁，实现了从二元分权到合作共治的转型。

（一）美国传统二元分权模式下联邦与州的权限划分

美国是实行联邦制国家形式最早的国家，新中国成立初期严格遵循联邦权力有限原则，宪法未曾授权的事项则属于各州或地方政府的调控范围。联邦政府对自己法定权限内的事务，一般由自己设立机构进行直接监管，而不交由州政府执行。各州对各自传统范围内的事务，也单独设立机构执行，从而形成一种典型的二元分权模式。

首先，在传统二元分权模式下，联邦与州之间的事权有明确划分。根据美国宪法的规定，联邦政府行使两类权力：一是宪法明确授予的权力，即宪法第一条第八款所列举的十八项权力，也是通常所说的明示权力；二

47

是根据联邦最高法院的最后一项权力，即国会为执行上述权力及宪法赋予合众国政府或其他部门官员的所有其他权力，制定所有必要与合适的法律的解释，联邦政府还行使从授予权力中引申出来的权力，即默示权力。概括起来，联邦政府的事权范围包括负责国防、外交和国际事务，负责邮政、空间科学技术、关系到全国利益的州际职务和全国性的社会福利。美国宪法修正案第十条规定，宪法既未委托给合众国，又未禁止各州（使用）的权力，分别被保留给各州人民。因此，各州所行使的权力为"保留权力"，范围相当广泛，主要是负责联邦政府以外、又没有授权地方政府处理的一切事务。联邦和州除了各自享有的专有权力外，还享有一些共同的权力，这些权力包括征税、借款（发行公债），设立银行和公司，设立法院，制定和实施法律，为公共目的而征用财产，举办公共福利等权力，但在这些领域，联邦与州的权限也是法定清晰的，并各自设立机构履行各自职责。地方政府的事权范围依据州的法律规定和州政府的授权，处理当地事务，主要有基础教育、地方治安、消防和地方基础设施等方面。

其次，与权力的明确划分相一致，美国的联邦、州和地方财政的支出责任也有明确的分工，每级政府都有相对独立的支出决定权。通常，联邦政府主要负责全国性公共产品方面的支出，其支出的重点是国防、邮政服务、社会保障和医疗保险等项目。对州和地方政府来说，财政支出主要集中在两个方面：一是区域性较强的项目，这类支出项目的受益范围限于一州辖区内以及与人民的日常生活有密切关联和较为直接的项目。二是其他的一些杂项支出，如环境保护、法律事务、金融管理和行政管理支出，等等。

最后，在宪法的原则性规定下，美国实行彻底的分税制，联邦、州和州以下地方政府都有独立的税收立法权和征收管理权，各级议会可在宪法框架下确定自己的税法与税制，各级政府都有一套独立的税务机构，负责本级税收的征收。在税收的划分上，美国仅通过划分税种的办法就解决了各级政府的财力分配问题，基本上不存在相互交叉上解、补助的情况。联邦政府主要集中了个人所得税、公司所得税和社会保险税三大税（约占联邦财政收入的90%），辅之以关税、特种销售税、公共设施使用税、赠予税、法院罚金、某些许可证收费等。州政府的税收一般以销售税、个人所得税、银行和公司所得税（在美国，联邦和州在个人所得税及公司所得税问题上是分率计征的）为主要来源，这三项收入约占本级收入的70%。此外，还有货物税、保险税、酒精和烟草税、各种使用税。地方政府的税收主要有财产税、销售和使用税、所得税及一些收费。在三级财政收入所占比重中联邦财政收入一般要占到60%，这就意味着联邦财政对整个宏观经济具有较强的调控能力。

（二）新的历史条件下联邦政府与州的合作共治成了一种新的发展趋势

首先，美国建国时期联邦权力明示并掌握有限的体制，已经难以适应经济和社会发展现实的需要。19世纪末开始，联邦的权力逐渐扩张，这种扩权的现实诱因：需要联邦在维护共同市场、调控宏观经济、提供外溢性强的公共产品以及介入国际事务等方面发挥更大的作用。基于建立繁荣的美国共同大市场的现实需要，联邦宪法第一章的第八节规定了"州际贸易条款"，授权联邦对州际贸易加以调控。美国宪政演进的历史表明，在很大程度上，这项重要条款的含义是经由联邦最高法院根据经济与社会的发展需要，通过具体案例的判决而逐步加以明确的。[1] 最高法院最初采取绝对主义的态度，认为州际贸易权力属于国会专有，因而凡是属于州际贸易的事项一律不允许各州干预，后来发展出的"库利法则"确立了联邦对州际贸易权力的选择性专有权。库利原则标志着法院的判案理念和分析方法发生了重大的改变。该案抛弃了以往联邦绝对拥有州际贸易调节权的极端观点，转而采纳更为灵活的"选择性专有权"原则，并根据调控对象的内在性质，区分全国性和地方性事务，从而为联邦和各州的贸易调控权规定了更为实际的标准。合作联邦主义在美国新政时期得到迅速发展，从最初在反垄断、证券交易、劳资关系平衡等领域，联邦与州的权力分享，发

---

[1] 张千帆. 美国联邦政府对州际贸易的调控 [J]. 南京大学学报（哲学．人文科学．社会科学版），2001（02）：141-150.

展到在食品、药品安全、环境保护、医疗保险与基础教育的州际平衡等领域，联邦与州加强合作，联邦与州合作分享权力的领域越来越广。①

其次，联邦的财权得到很大强化。美国联邦宪法对财政问题只进行了原则性的规定。美国宪法第一章第八条授权国会筹集资金"偿付债务并为合众国提供公共防御和基本福利"，经过多年的发展，国会和最高法院对"基本福利"的解释变得越来越宽松，从而使得这一条款对联邦政府在财政支出方面已经没有多少约束力了。1913年通过的美国宪法第十六条修正案赋予了联邦政府课征所得税的权力，这使得联邦政府的财政地位进一步强化。②

当然，美国宪法从以下几个方面限制政府的征税权力：（1）宪法第一章第七条规定，所有征集税收的法案必须来自众议院，但和其他法案一样，参议院可以提出或同意修正案。（2）宪法第一章第八条规定，国会有权制定并征收国民税、关税、进口税和货物税，但所有关税、进口税和货物税应该在合众国范围内全部统一。因此，各州必须实行统一的无歧视性税率。（3）宪法第一章第九条规定，任何州的出口货物不得被征收关税。（4）宪法修正案第十六条规定，国会有权对任何来源的收入制定并征收所得税，而无须在各州加以分配，也无须考虑任何人口统计或基数。美国宪法并未直接对州和地方政府的财政职能作出规定，但根据宪法第十条修正案，凡是宪法未授予给联邦政府，或未明确禁止州使用的权利，都属于州政府和公民，这一条款隐含的意义表明各州政府也具有财政支出和征集税收的权力。宪法对州的权力也进行了限制，宪法第一章第十条规定，未经国会批准，各州政府无权征收进口税或出口税。除此之外，宪法其他条款还规定，州政府不得任意加税，不得歧视外来居民。与此同时，各州也通过自己的宪法自行对州政府的财政职能和权力作出了一些限制。对于州以下的地方政府来说，它们的财政收支权限需经州政府的批准，但这并不意

---

① 张千帆．国家主权与地方自治［M］．北京：中国民主法制出版社，2012：95-106．
② 王希．原则与妥协——美国宪法的精神与实践［M］．北京：北京大学出版社，2005：67-96．

味着地方政府就没有财政自主权,事实上,许多地方政府具有较大的自治权力,并不总是被动地按州政府或联邦政府的意愿行事。①

最后,美国联邦政府财政支出中有一部分并不是由联邦政府直接支出,而是拨款给州和地方政府,由后者负责落实。州与地方的财政支出在一定程度上要依赖联邦的预算拨款,这种财政拨款是财政资源在各级政府间的转移支付。美国各级政府之间的财政关系比较简单,州和地方对联邦均没有上缴任务,联邦对州和地方的转移支付,是联结各级政府间财政关系的唯一纽带。美国的转移支付分为有条件的专项补助、无条件补助和使用范围较宽的补助三种,但主要是专项转移支付。专项转移支付的功能是保证各地区的居民享有与整个联邦经济发展水平相适应的教育、医疗、社会文化和生态环境条件,1985年美国的专项补助高达860亿美元,占联邦补助总额的81%。无条件补助是1972年美国国会通过的《州和地方政府补助法》加以规定的,实际上是收入分享制的体现,但由于联邦财政赤字的有增无减,从1986年开始,其已被废除。使用范围较宽的补助一般只规定资金用于某种范围,不作具体限定。美国专项转移支付制度具有如下特点:(1)没有固定的模式。美国许多转移支付项目,各种项目拨款考虑的因素有所不同。有的考虑社会经济发展需要,如公路建设;有的考虑社会稳定因素,如救济穷人发放食品券。(2)转移支付项目按法律程序确定,明确规定用途,专款专用。(3)转移支付制度以有条件补助为主,需要州和地方政府配套实施。(4)具有透明和公正性。美国之所以实行专项转移支付办法,主要目的是为了增强联邦政府的影响力,促使各州和地方财力分配符合联邦政府的宏观政策目标。

(三)美国联邦政府和州政府权责划分的发展趋势

作为完整国家的美国,在其发展历史过程中,首先出现的是州,其后才成立全国性联邦政府。联邦政府与州政府之间的事权划分,首先体现在

---

① 财政部财政制度国际比较课题组. 美国财政制度[M]. 北京:中国财政经济出版社,1998:14-16.

美国联邦宪法中，其次反映在历史的动态发展实践中。从历史和实践来看，各州的权限与联邦的权限在宪法框架下，处于一种动态平衡的状态，它们之间关系的调整，总是以维持整个国家的繁荣和稳定、提高社会总体福利为出发点，因此，两者之间可能会产生一些偏差，但是不会有根本性利益冲突。① 换言之，美国联邦制是在包括宪法在内的各级法律的保障下，以纵横分权制衡和多元重叠治理为主要原则，来进行联邦政府和州政府的事权划分。同时，它也是根据社会的发展不断调整的，来实现其灵活性和适应性。

当然，如何在联邦政府和州政府之间达到事权的合理分割和共享，至今仍然是美国政治和国家治理中人们经常争辩的问题之一。尽管如此，从总体发展和未来态势来看，随着全球化和信息化的进一步发展，人口和商品的流通速度越来越快，越来越多的事务已经不是某个州或某几个州能够处理的，联邦政府的权限虽然在某一个时间段会略有减弱（如里根政府时期），但是，其总体趋势会越来越大。无论如何，在美国的联邦制下，州权在宪法的保护下并不会丧失或急剧减少，很多与人民息息相关的政治和公共事务，比如本州的州长选举、本地基础设施建设、教育、居住环境等方面的政策和规定，基本由州政府来独立制定并实施。此外，一些较为传统的社会政策，如武器管理、堕胎以及刑事犯罪处理等，也主要由各州负责。

四、联邦制国家中的合作模式——以德国为例

"两德"统一后，联邦德国对原东德的行政管理、经济制度和财政体制进行了重建，形成了独具特色的央地事权划分模式——合作联邦制。与竞争式的权力分立联邦制或二元联邦制不同，德国联邦制在改革中始终呈现出职能既分立又合作的特点。一方面，联邦承担了大部分的立法职能，而执行法律则基本上是州的领域；另一方面，在行政上，联邦与承担具体

---

① 王浦劬，等. 中央与地方事权划分的国别研究及启示 [M]. 北京：人民出版社，2016：149.

事务的各州政府不存在上下隶属关系，在处理具体事务时联邦和州在平等尊重的前提下进行合作。①

(一) 德国的合作联邦主义

德国的联邦体制不但强调在联邦与州之间的明确分权，还重视二者之间的合作。联邦和各州政府都有责任顾全大局，以"效忠联邦"的方式行动，这就是被联邦宪法法院发展出来的"联邦和睦"原则。② 这一原则要求，联邦和各州必须彼此尊重，保持信誉，按照各自的职责范围和法定程序行使权力。一方面，联邦要平等对待各州，不能以贫富、政见、信仰、影响力等方面的差异而对各州采取不同的态度，在进行全国范围的调控时，联邦要正视各州的局部利益，尽量采取影响最小的方案；另一方面，各州必须保持对联邦的忠诚，不得侵犯联邦的专有权，在处理相互关系时，应遵循妥当的谈判程序和方式，为谋求共识作出努力。

1969年，德国宪法修正案正式增加了"合作联邦主义"条款，其主要内容涉及"联合作业"和"混合财政"。基本法规定了联邦与各州的联合作业及合作。对于整体而言，如果联邦具有重要性，并且联邦参与对生活条件的提高具有必要性，那么，联邦政府应在以下领域与各州联合作业：创建与拓展高等教育机构，包括大学实习所。联合作业可以改善地区经济结构，改善农业结构和海岸管理，但联合作业必须遵守参议院制定的指导原则。联邦与各州可根据协议，在机构、项目、费用方面合作计划教育和进行超越地区影响的科学研究。

在"财政均衡"领域，基本法第一百零四条在规定联邦与各州财政开支分配的基础上，授权联邦政府"为了防止整体经济平衡之波动，或在联邦领土内均衡经济能力之差异，或促进经济增长，可为各州、社团或其他联邦的重要投资，而授予各州以财政援助"。第一百零六条在确定联邦、各州和地方政府对各类税收分配的基础上，规定"联邦和各州对营业流通

---

① 王浦劬，张志超. 德国央地事权划分及其启示 [J]. 国家行政学院学报，2015 (05)：41-49.
② 黑塞. 联邦德国宪法纲要 [M]. 李辉，译. 北京：商务印书馆，2007：123-134.

税的分配比例，应由联邦参议院赞同的联邦法律确定，法律决定应基于下列原则：联邦和各州的收入分配应受到合适调控，以达到公正平衡，排除对任何纳税人增添过重负担，并保障联邦领土内的生活条件之均衡"。第一百零七条第二款则对"财政均衡"进行了规定："联邦法律应保障财政强州与弱州之间的合理均衡，并适当考虑地方社团或社团联盟的财政能力与要求。这类法律还可以授权联邦从联邦基金中拨款给财政弱州，以补充其日常财政所需的资金。"在实践中，"合作联邦主义"具体体现为纵向和横向的财政转移支付，前者为联邦对州、州对地方政府的财政补助，后者为富有州对贫困州的财政援助。

由于财政均衡的法律必须由代表各州利益的参议院通过，因而联邦与各州，以及各州之间的分歧一般可以通过谈判解决，但当联邦法律未与各州充分协商而仓促形成时，矛盾还是难以避免。在1952年的"财政均衡案"中，富裕的汉堡州以联邦法律要求其支付一定数额的财政均衡资金侵犯了受宪法保障的各州预算独立权为由而起诉联邦政府，宪法法院认为，联邦主义不但创造了权力，而且创造了责任，责任之一就是在宪法允许的范围内，财政强州有义务资助财政弱州。在本案中，联邦执行的横向均衡的限度，并未超出支出州的财政能力，也没有导致各州财政一律平等的后果，因此，联邦法律应为有效。[①] 为避免州财政对联邦的过度依赖，使得州丧失自治权，宪法首先应该对财权的分配有稳定的机制，其次，仅在例外的情况下，联邦预算资金才能被拨去资助贫困州，并且这类资助必须受到法律的严格控制，以防它们在各州履行职责的过程中，成为对各州施加影响的手段。这是对一般性财政转移支付资金的要求，对专项转移支付资金而言，联邦对补助资金必然带有强烈的政策引导性，对资金的使用也势必加大计划和监督力度，州不得以侵犯地方自治权为由，而加以抵制。

（二）联邦与州的权限划分原则

基本法对联邦权力的行使遵循"授予而非限制"的原则：联邦权力必

[①] 张千帆. 西方宪政体系 [M]. 北京：中国政法大学出版社，2001：217.

须来自基本法的授权，否则即逾权无效。相反，基本法对各州权力的行使则遵循"限制而非授予"原则：除非受到基本法的明文或隐含限制，各州权力被假定有效。① 也就是说，除非基本法中明确规定某一性质的权限或职能由联邦来行使，否则该权限便归属于各州。但是，当某一权限因为符合"客观规律"或"客观联系"，而被传统的德国国家法认可为联邦权限时，联邦是否能据此提出非成文性的权限主张？对这一类似于美国联邦拥有"默示权力"的概念，德国宪法法院通过判例认为，不成文联邦权限的存在符合基本法规定的宪政秩序。这种不成文的联邦权限包括两个方面：第一，那些基于客观关联性而形成的联邦权限，即当某一没有被明确配置的事权，当其对于行使另一项明确属于联邦的事权来说是不可缺少的前提条件时，则该事权归属于联邦；第二，附属权限，即某一不属于联邦管辖的立法事务，当它与另一归属于联邦管辖的事务间存在必要的联系，因此可以被看作该联邦事务范围内的附属物时，联邦宪法法院也予以认可。但即使如此，这些不成文事权也受到宪法法院的严格审查和限制，以避免损害各州的自主权。② 随着社会福利的发展，立法规制的现实性往往在很大程度上取决于联邦与州的财政条件和财政权限，在"合作联邦主义"的趋势下，州对联邦的依赖在加深。

基本法授予联邦的立法权包括专有立法权和共有立法权。专有立法权包括基本法第七十三条列举的11个事项：包括外交与国防、联邦国籍、迁徙自由、货币的发行与控制、度量衡的制定、关税统一与物资运输自由、商业与航运条约、联邦铁路与航空运输、邮政与电话通信、工业产权、版权与出版法，以及有关刑事警卫、自由民主的基本秩序之保护、联邦或各州的生存和安全之维护和联邦与各州之间的合作。基本法第七十一条规定："对于联邦专有的立法权力之事项，只有在联邦法律明确授权时，各州才能在授权范围内有权立法。"

值得注意的是，就基本法授予联邦的专有立法事项的范围而言，每个

---

① 张千帆. 西方宪政体系 [M]. 北京：中国政法大学出版社，2001：200.
② 黑塞. 联邦德国宪法纲要 [M]. 李辉，译. 北京：商务印书馆，2007：187-188.

事项都有它内在的界限，而不是可以包揽无遗。在1961年的"第一电视案"中，联邦内阁提议在现有的电视系统上建立由联邦控制的电视台，而且不顾各州政府的反对，通过法规来建立第二套电视系统。反对党控制的不来梅等四州以联邦内阁侵犯了宪法保障的各州权力为由，诉诸宪法法院。联邦内阁援引基本法第七十三条和第八十七条的规定，认为调控邮电通信是宪法授予联邦的专有立法事项，则联邦政府基于这种专有权去建立电视台也就名正言顺了。宪法法院在审查中对联邦专有权力的范围及其边界进行了界定：联邦基于宪法规定确实有权调控无线通信和广播，为了防止有可能发生的混乱，联邦政府有权统一调控电台频率范围的分布和定界、确定地点和发射功率等，对无线通信和广播实施必要的技术管制，但这并不意味着联邦政府在无线通信的技术问题之外，有权去进一步调控广播节目的制作。广播的信号传输与节目制作是可以被区分的，也是应该被区分的不同领域，而广播节目的制作属于一种文化事务，这是被宪法确认的属于各州文化领域的传统，所以联邦既不能基于"相关权力"理论而染指电视节目的制作，也不能在规范从事发射技术的机构之外，越权对制作节目的组织进行调控。由此，联邦内阁借调控无线发送技术的权力，去从事广播事务，被判越权无效。①

基本法第七十四条共列举了24项联邦与各州的共有立法事项。基本法第七十二条第一款规定："对于共有立法权之事项，各州只有在联邦未行使其立法权的情况下，并在此范围之内，才有立法权。"如果联邦已行使了立法权，则联邦法律高于各州立法，与之抵触的州法一律无效。但联邦行使共有立法权还必须满足基本法第七十二条第二款规定的联邦立法调控的需要程度：一州的立法不能有效地调控该事项，或州法律对该事项的调控可能损害其他州或政体之利益，或为了法律与经济统一，尤其是维持超出一州疆土范围内的生活水平之均衡，这类调控有所必要。在1969年的"工程师案"中，联邦政府在共有立法领域进行的调控，因没有满足调控

---

① 张千帆. 西方宪政体系 [M]. 北京：中国政法大学出版社，2001：202.

必要性原则的要求而无效。

针对基本法第七十二条规定享有的共有立法权，联邦可就下列事务制定框架性的概略条款（第七十五条）：在各州、镇或根据公法设立的其他法人团体中任职的公务人员的法律地位；指导高等教育的一般原则；新闻出版和电影工业的一般法律地位；狩猎、保护自然、照管现存地区；土地分配、地区规划和水利管理；有关住所或居住地改变的登记以及有关身份证的事项等。对于这些框架性立法，各州有义务在该法确定的适当日期进行必要的法律细化，并组织实施。根据基本法第一百零九条第三款的规定，联邦还可就预算法、符合市场规律的预算经济以及联邦与各州长期的金融计划领域制定原则性立法。

另外，各州在文化、教育、医疗和社会服务等领域的传统领域，包括监督地方政府的法律执行、警察法、乡镇法，享有专有的立法权能，联邦不能通过法律进行干预。这些自主性地方权力，虽然范围不广，但受到了宪法法院的保护，1957年的"宗教协约案"是其例证。然而，1969年宪法增加的"联合作业"条款，使得联邦立法权得以扩展到上述各州传统的职能领域。外交事务原则属于联邦的专有立法权限，但各州在其具有专有立法权的领域，可在获得联邦批准的前提下缔结国际协约。联邦与州就此于1957年签订《林岛协议》，保障州在传统文化领域缔结国际协约的权力。

（三）联邦与州的事权划分

德国基本法第三十条规定："国家权力的行使和国家义务的履行属于各州的事务，本基本法另有规定或予以准予的除外。"这意味着行政权基本上属于各州所有，也即只要没有其他规定，联邦法律就由各州作为自己的事务予以执行（基本法第八十三条），各州据此有权自行决定设立执行机构，制定行政程序，除非在此问题上经联邦参议院批准的联邦法律另有规定（基本法第八十四条第一款）。

对各州执行联邦法律的权力，联邦内阁应实行监督，为此，联邦内阁可以向各州的最高权力机关派遣专员，并在其同意下，或在其拒绝同意下，但在参议院的同意下，向下级权力机关派遣专员（基本法第八十四条第三款）。联邦监督包括执法行为的合法性监督和合适性监督两个方面，联邦内阁可要求各州执行机关递交报告和文件。对于联邦法律的执行，法律可授权联邦内阁在获得参议院同意时，对特定案情发布个别指示。除非联邦内阁认为事态紧急，这类指示才被发布到有关州的最高行政机关，即州政府、部长会议主席和州的部长（基本法第八十四条第五款）。在执行法律方面发生的争议，联邦内阁或有关州都可以请求参议院予以裁决，但参议院的决定受到联邦宪法法院的审查（基本法第八十四条第四款）。在人事方面，联邦内阁在参议院的同意下，可以发布行政规章调控公务人员（包括其他带薪公共雇员）的统一训练，中级权力机关的领导人，应在其同意下受到任命（基本法第八十五条第二款）。

联邦对各州还拥有最严厉的监督手段——联邦强制，即当穷尽其他救济手段之后，在参议院的同意下，联邦可以采取必要的措施强迫州履行其应尽的义务，并对各州及其行政官员发布命令。当某州内部出现威胁自由民主基本秩序的情况时，联邦政府还可以行使一项传统的权利——联邦干涉。

当然，联邦政府也拥有对法定范围的事务的直接执行权。例如，基本法第八十七条第一款规定："外交事务、联邦财政和依照基本法第八十九条规定的联邦水路和航运由联邦行政机关及其下属行政机关予以管理。"此外，联邦国防行政、航空运输行政以及联邦高速公路和长途公路运输也属于联邦直接执行的事务。基于基本法第八十七条的精神，对联邦具有立法权限的事项，由简单的联邦法律便可设置独立的联邦高级执行机关。联邦铁路和联邦邮政本来也属于联邦直接行政的事务，但随着铁路和邮政的私营化改革，与此相伴的国家任务和国家机关也有重大调整。为保障国民全体的福祉，只要不涉及近距离的轨道交通，联邦铁路铁轨网的扩建与养护以及提供新的交通路线，仍然由联邦来直接负责保障。在邮政、电信领域，涉及国家主权性质的任务，仍由联邦自身行政来完成。

联邦通过自己的行政机关或联邦直属的公法机构和组织执行法律时，

<<< 第三章　政府间权责划分的他国经验及其启示

除法律另有规定外，联邦政府有权颁布一般性的行政规定；除法律另有要求外，联邦政府可以规定有关行政机关的设立（基本法第八十六条）。在满足基本法第八十七条第三款的前提条件的情况下，联邦还有权通过法律而设立新的联邦直接机关及公法性质的法人团体，独立地履行联邦有关专业领域的行政事务。

联邦行政虽然原则上限定在中央行政层面，但在基本法的允许范围内，联邦行政也可以拥有属于自己的地域性下属机关，并对其实施垂直领导和管理，这方面的典型例子都出自联邦边防行政。对于联邦直管部门，在遵守法律保留原则的前提下，联邦政府有权制定一般性的行政规章，以及决定直管机关的内部设置。

联邦的直管行政与"混合行政"是不同的。所谓混合行政是指在某一行政领域一个联邦行政机关领导、指导州的行政机关，或者在满足了合作法的条件后，联邦与州行政机关在某些行政领域采取共同行动。[1] 混合行政具有合宪根据，且范围广泛，包括从事科研的高等院校的扩建与新建、改善地区性的经济结构、改善农业结构与海岸保护以及教育促进计划和学术研究等领域，大多数是涉及具有跨地区的行政任务，需要联邦和州共同制定规划、分担财政责任（联邦的财政负担一般在一半以上）。

然而，即使是法律规定属于联邦的事务，联邦政府也可委托给各州执行，只是联邦保留了广泛的监督权和干预权。例如，基本法第九十条第二款规定："各州或根据州法主管的自治行政机构受联邦的委托，对联邦高速公路和其他远程公路进行管理。"[2]

各州虽然负责绝大部分联邦法律的执行，但各州又把这些权力委托给所在的地方政府，使得州以下的地方政府成为各级政府法律和规章的执行中心。地方政府分为城镇和县区，其治理结构由地方议会和行政首长组成，地方议会虽得制定地方性规章或附则，但主要是执行联邦和州的法律，仅作出因地制宜的补偿性规定，没有独立的立法权力。地方行政首长

---

[1] 黑塞.联邦德国宪法纲要［M］.李辉，译.北京：商务印书馆，2007：197.
[2] 伯阳.德国公法导论［M］.北京：北京大学出版社，2008：75.

59

则负责执行地方议会的决定,也有权否决他认为违法的议会决定。地方政府具有公法人的法律地位,有自主的治理机构,有独立的诉讼资格,有一定的自主性事务(包括地方和城镇规划、住房和街道管理以及环境保护等),还有独立的地方财政。地方财政得到基本法的明确保障,明文规定(第一百零六条)联邦收入的15%属于地方政府,而各州也通过法律对其地方政府拨出一定比例的税收,地方政府虽无税收立法权,但在地方政府的财政收入中,约三分之一来源于地方税,约四分之一来自行政规费和使用费等地方收费,约四分之一来自联邦和州的公共基金。州政府对地方政府有权进行监督,并主要通过财政补贴和区域规划控制地方政府的活动。但无论如何,州政府不得妨碍地方政府传统的自治权,在1982年的"地名变换案"中,州政府侵犯地方政府自治权的行为被宪法法院宣判违宪。

(四)联邦与州的财政分权

德国在财政体制上实行中央集权的财政联邦制,为保证中央的宏观调控能力,它所采取的分税制是一种混合型与分离型相结合的制度,即既有共享税,也有专享税,而以共享税为主的体制。德国基本法赋予联邦非常完整的财政收支立法权。基本法规定:只要联邦在某一领域决意占有立法权,那么,各州就不能再在此领域立法。因此,德国骨干税种的税收立法权全部集中在联邦,其中包括所得税、公司利润税、增值税、关税等。此外,其他各种联邦专享税和各级政府共享税的立法权也集中在联邦,对各州专享税联邦有优先立法权,为促成税制和法律的必要统一,实际上各州专享税的立法大部分也由联邦来从事,各州真正拥有的税收立法权事实上仅限于地方性税收。在德国,税收征管权并没有高度集中于中央,州及地方政府拥有较大税收征管权。德国的税收征管机构一直延伸到市、县,德国实行的是收入高度集中、大规模转移支付的分级财政管理体制。德国联邦政府集中了70%左右的税收,在税收划分方面,共享税在各级政府的税收中占据了突出地位。由于收入集中率较高,德国联邦政府的事权范围相对来说也宽一些,而且各级政府的事权边界不像其他国家那么清晰,随机性调整时有发生。这样,该国难免把税收立法权高度集中在中央,因为相反的模式选择会破坏收入的集中,使地方税税种数量的增加挤占联邦税收税源。税收征管权的相对分散化则是为了配合共享税地位的落实。

国家秩序是否能有效运转,最终取决于联邦与各州之间在财政领域能否相对独立、自主,这包括在税收领域的自主性和在支出领域的独立性两个方面,基本法第一百零四条规定了财政分配的一般原则。在税收收入分配领域,为了平衡大税种不同的收入发展状况,所得税、法人税、营业税被作为联邦与各州的"共同税收"(约占全国总税收的三分之二),所得税和法人税收入在刨去乡镇所占的份额(15%)之后,按照50%的比例在联邦与州之间进行分配,而营业税收入的分配则授权联邦立法者(在得到参议院同意后),根据情势需要,作出相应调整。对于财政专卖收入以及其他税种收入,则根据每个税种的具体情况划分给联邦或各州。《基本法》保障乡镇地方组织获得足够和均等的财政收入。在基本法的分配框架之下,各州的财政能力势必形成差距,鉴于此,基本法规定,这应该由各州之间(横向)的财政平衡和联邦与各州之间(纵向)的财政平衡来谋求解决,只是联邦议会的相关立法调整必须取得参议院的同意。

在税权划分方面,德国的共享税由联邦、州和地方三级政府共享,其税种包括工资税、估定所得税、非估定所得税、公司所得税、增值税等。各种共享税收入在各级政府间的分配比例基本稳定,联邦、州、地方三级共享的税种是工资税和估定所得税,其中联邦占42%,州占42%,地方占16%左右;其余的税种由联邦和州两级分享,其中非估定所得税和公司所得税,由联邦和州各占50%,增值税、进口增值税联邦占65%,州占35%。在各种共享税中,工资税所占的比重最大,近年来一般维持在总额的40%以上。德国的共享税有两个特点:第一,把税额大的税种作为共享税,共享税占德国税收总额的比重为75%,分别占联邦、州、地方税收总额的比重为76%、85%、39%。第二,增值税是共享税中唯一调整联邦和各州直接收入关系的平衡性税种。法律规定,当联邦和各州的收支关系比例出现足以影响各自平衡的变化时,将根据联邦和各州都统一的比例对增值税在各级政府之间的分配比例进行调整,原定每4年调整一次,实际上现在每2年联邦和各州就磋商一次，以重新确定增值税的分割比例。①

联邦专享税主要是消费税，具体包括关税、烟草税、糖税、石油税等；各州的专享税主要是财产类税，主要包括财产税、车辆税等；地方专享税主要是贸易税、不动产税以及地方性的消费税等。各级政府专享税收入在国家税收总额中的比重基本处于稳定。

基本法在财政补助方面赋予联邦广泛的权限，为联邦对各州施加其影响力提供了巨大的可能性。反过来，基本法是对各州与乡镇的地方性预算与财政经济的原则约束，对联邦的财政计划、税收、信贷政策也产生了影响。总的来说，联邦逐渐增加了综合、指导与协调的功能，使得现代社会所要求的有效的计划、调控与社会保障有实施的可能性。社会福利国家这种新的发展趋势，很少体现在宪法层面和联邦与各州的立法与行政权限的重新划分上，毋宁说更多体现在有弹性的、不引人注目的、更为有效的联邦财政权限的扩充上。其代价则是各州在大范围内不同程度放弃了其独立性和自主性。

德国实行了一套独具特色的政府间转移支付制度，财政平衡可分为联邦与州及地方之间的纵向平衡和州与州之间的横向平衡。德国的纵向财政平衡体系分为两个层次，即联邦对州的财政平衡和州对地方政府的财政平衡。德国财政横向平衡以保证各州公共财政基本任务的完成与调动各州增收积极性为目的，鉴于每个州之间收入水平的实际差距，基本法要求各州为公民提供的生活条件和投资环境大体一致，因此，采取横向财政平衡法来调节各州的财政收入，对促进整个经济的协调平稳发展发挥了十分积极的作用，同时，也有利于减轻联邦中央的财政压力，保证财政收入的稳定。值得注意的是，德国州际之间的财政平衡是联邦财政部按照联邦法律实施的，并非州与州之间的自主自愿的授受行为。

五、政府间权责划分的他国经验及其启示

从典型国家来看，政府间权责划分虽然各具特色，但也蕴含着若干共

---

① 丁淼. 联邦德国的财政税收制度[J]. 欧洲, 1996 (06): 50-56.

性，这些共性对我国政府间权责划分的调整和改革具有一定的启示意义。

（一）政府间权责划分调整的适时性

典型国家经验显示，政府间权责划分改革具有与时俱进的动态性，主要体现在如下方面：

首先，政府间权责划分是各自国家政治、经济、文化、法律等综合反应所形成的权力格局，具有普遍性，更具有特殊性特质。政府间权责配置深深植根于一国具体的国家结构形式上，而国家结构形式往往是政治、历史、文化、思想、地理、民族等诸多本土化因素的集中呈现。例如，法国从中世纪的四分五裂走向统一，高度集权的体制不仅是一种统治手段，而且还是建设和保持国家统一的工具。然而，法国各地的差别非常大，由中央政府统一管理地方事务是不现实的，因此其分权改革反反复复，最终被2003年宪法修正案确立。① 再如，德国之所以采取职能分立的联邦制，并按照这种基本结构划分联邦和州的立法权和行政权，是因为这种结构与其议会内阁制的政体、比例代表制的选举制度和长期的多党联合政府经验相匹配，也充分发挥了全国政府和地方政府的优势。

其次，政府间权责划分没有固定的模式，也没有统一的模式，并随着时代发展不断变化调整。② 各国历史实践显示，政府间权责划分与国家结构形式并无绝对的关系，法国、日本等单一制典型国家未必更接近集权模式，美国、德国等联邦制典型国家也未必更接近分权模式。事实上，各国政府间权责划分在"集权—分权"为两端所界定的谱系上大多处于中间位置。法国即通过精简机构、调整职能、简化手续、放松规制、实行公开化等改革举措，实现了从中央高度集权到地方分权的转变，使政府间权责划分适应不断变化的政治、经济和社会环境。其实，各国在保持原有制度特征的前提下，往往会借鉴另一种模式的做法，从而在这个谱系中向对策游

---

① 黄凯斌. 法国分权改革与地方治理研究 [M]. 北京：中国社会科学出版社，2012：50.
② 马洪范，王浩然. 事权、支出责任与收入划分的国际比较和历史启示 [J]. 公共财政研究，2021（03）：29-41.

移,当然,这种调整并不是线性的,而是曲折的、反复的。纵观美国历史,在不同的历史时期,联邦与各州的权力分配会根据资产阶级和社会发展的需要不断调整变化,提高了联邦政府与州政府的事权分配关系的适应性。

最后,拥有科学的动态调整机制。每个国家基于历史条件、政治环境、经济发展阶段、国家规模、全球化进程等因素的影响,政府间权责划分模式不尽相同。即使是同一个国家在不同历史时期,政府间权责划分也存在差异。合适的事权与支出责任划分是长期逐步演进、动态调整的过程,而在此过程中科学的动态协调机制显得尤为重要。在德国,一旦发生事权冲突的情形,除了可以通过政府内部的协商、联邦参议院的调处解决之外,还可以提交联邦宪法法院诉诸司法。另外,德国也从联邦与各州冲突的诉案中总结了若干原则,使其成为具有指导意义的判例法,从而将事后教训转变为事前警示,有效减少冲突的发生。①

鉴于此,我国政府间权责划分要充分把握改革的动态性特点,在顶层设计下坚持重点突破与协调推进相结合。推进政府间权责划分改革,我们需要把握以下原则:一是坚持一般惯例与特殊国情相结合。既要遵循国家权力纵向配置制度设计的一般规则,又要从实际出发,充分考虑我国国情,借鉴他国有益经验。二是坚持财政改革、机构改革和政府职能调整,全面协调推进。各国应根据具体条件、实际效果和改革进程,恰当把握改革的力度、进度、效度和深度,达成"蹄急步稳"的改革节奏,在不断调适中实现顶层设计的目标和要求。三是坚持事权改革近期目标与远景规划相统一。政府间事权划分改革要兼顾问题导向与目标导向,先易后难、循序渐进,着力解决现实问题,并选择一些改革紧迫性较强的关键领域重点突破。

(二)政府间权责划分途径的法治化

典型国家实践显示,政府间权责划分及其调整最有效的方式是法治化

---

① 王浦劬,张志超.德国央地事权划分及其启示[J].国家行政学院学报,2015(06):38-45.

途径。在这些国家,宪法和法律规定了央地事权划分中的法律关系,司法机构和法律程序为事权的行使提供了司法保障,而事权配置结构的变迁也相应表现为宪法和法律的修订或制定,事权配置机制的运行和变迁恪守法治原则。[①]

首先,在长期的历史发展过程中,相关国家围绕事权划分逐渐制定了一系列法律法规,经过不断修改与完善,最终构成了较为完整的法律体系。事权划分作为处理央地关系的重要内容,尽管各国宪法法律规定有粗有细,但是无一例外在宪法或法律中规定了政府间权责内容。例如,美国宪法第一条第八款直接列举了国会专门享有的各项权力,明确了联邦政府享有的18项事权;第九款规定联邦对各州出口的货物不得征收税金(第五项),且联邦在通商政策上不得给予任何一州特权(第六项);第十款禁止地方政府从事缔结条约、货币、违背宪法精神、国防等事务。联邦宪法第十修正案,更是明文"本宪法所未授予中央或未禁止各州使用之权力,皆由各州或人民保留之"。再如,德国通过基本法规定了联邦政府单独享有的事权(第87~90条)和联邦政府可能参与地方事权的范围(第91a~91e)。基本法没有规定的事项,即剩余的均为地方事权。

其次,违宪审查机构和一般司法机构地位很高,相关法律解释、判例日趋准确合理,特别是相关仲裁机构和仲裁制度的建立,为事权配置机制的依法运行提供了司法保障,并在宪法解释、法律解释、法院判例和行政惯例中维护相关法律规定的权威性。宪法和法律关于事权划分的规定,往往是不全面甚至是不精确的,不可能涵盖现实政治中的所有情况,诸如美国吉本斯诉奥格登案中对"贸易"和"流通"的宪法解释、1982年法国宪法委员会对宪法第七十二条的解释等,均有助于阐明宪法和法律中有关规定的不明确和有争议之处。

最后,法治手段是事权划分改革的主要手段,并主要以立法的形式来推进事权配置机构的改革。相关各国每一次事权划分改革的调整都伴随着

[①] 王浦劬. 中央与地方事权划分的国别经验及其启示——基于六个国家经验的分析 [J]. 政治学研究, 2016 (05): 44-58, 126.

宪法或专门法律的修改，以避免改革的随意性。以日本为例，"二战"后美国占领日本期间，即通过1947年《地方自治法》明确地方事务包括固有事务、团体委任事务和机关委任事务等内容，推动地方自治。之后，中央和地方政府事权划分的调整亦是通过2000年《地方自治法》的修改予以完成的。同样如此，法国在20世纪60年代开始的地方分权改革，也是通过一系列的法律法规予以确认的。其中，最为重要的是20世纪80年代通过的《关于市镇、省、大区的权利和自由法》。

相比之下，我国宪法、组织法和预算法有关事权的规定相对笼统，有些规定还欠缺合理性，尤其中央与地方事权高度同构化，亟须深入切实改革，积极推进中央与地方事权划分的科学化、法治化。

（三）政府间权责划分目标的均衡性

无论是单一制国家还是联邦制国家，任何国家中央与地方事权划分的方法与内容都关乎国家政权的稳定和统一，关乎公共行政效率和公共物品供给质量和水平，旨在实现中央与地方事权与支出责任相适应的均衡性。

从典型国家事权划分历史变迁的内容上看，其共同点主要在于：第一，分权改革与行政层级或行政区划调整相结合，减少地方政府的层级与数量。第二，中央政府对地方政府的监督方式减少了直接行政干预，提高了法律监督的比重，这方面典型的国家有法国、日本。第三，除了外交、国防等主权性事务，以及经济调控等全国性事务外，大多数社会公共事务及其相关权力正在逐步下放至地方政府。第四，为保障地方有充分的资源履行事权，地方政府在财政收支中的占比和自主权有提高的趋势。[1]

其中，第一、第二点已经发生，第三、第四点正在进行或有扩展的趋势。然而，由于不同的国家结构和文化传统，各国在中央与地方事权重新划分的过程中，往往各有侧重。法国和日本都是在充分保障中央权威的情况下将权力"授予"地方的，改革进程由中央推动；美国和德国事权改革

---

[1] 王浦劬，等. 中央与地方事权划分的国别研究及启示 [M]. 北京：人民出版社，2016：85.

的前提，都是充分尊重地方自治和联邦组成单位的主权地位，在改革酝酿过程中大量吸纳了地方政府的意见。

鉴于此，我国在清晰合理划分中央与地方事权的基础上，应当选择适当的事权与支出责任匹配的方式，形成事权划分改革与财政均衡机制的良性循环。一方面，要推进中央与地方财政事权划分。适度加强中央的财政事权，逐步将国防、外交、国家安全、出入境管理、国防公路、国界河湖治理、全国性重大传染病防治、全国性大通道、全国性战略性自然资源使用和保护等基本公共服务确定或上划为中央的财政事权。保障地方履行财政事权，逐步将社会治安、市政交通、农村公路、城乡社区事务等受益范围地域性强、信息较为复杂且主要与当地居民密切相关的基本公共服务确定为地方的财政事权。针对中央与地方共同财政事权过多且不规范的情况，我们必须逐步减少并规范中央与地方共同财政事权，并根据基本公共服务的受益范围、影响程度，按事权构成要素、实施环节，分解细化各级政府承担的职责，避免由于职责不清造成互相推诿的情况。

另一方面，要完善中央与地方支出责任划分。中央财政事权由中央承担支出责任，不得要求地方安排配套资金；中央委托事权，要通过中央专项转移支付安排相应经费。地方财政事权由地方承担支出责任，对地方政府履行财政事权、落实支出责任存在的收支缺口，我们除部分资本性支出通过依法发行政府性债券等方式安排外，应通过上级政府给予的一般性转移支付弥补。同时，我们还要根据基本公共服务的属性、财政事权外溢程度等不同情况，合理划分中央与地方共同财政事权划分支出责任。加快省以下财政事权和支出责任划分，允许每个省级单位可结合当地实际，按照财政事权划分原则合理确定省以下政府间财政事权。

第四章

央地事权和支出责任划分的基本原理、原则与技术

一、央地事权和支出责任划分的基本原理

在宪法的总体框架下，国家整体与部分之间的权力分配关系，作为国家治理体系和治理能力现代化的一项重要内容，其实质是以中央政府为代表的国家整体利益和以地方政府为代表的地方区域利益之间的法定利益分配关系。[①] 不同于国家横向的功能性分权，纵向分权属于一种地域性分权，即在统一主权内部以地域为基础的最适事权划分，这种政府间权力纵向划分的基础内容，即在于政府间事权、支出责任与财权、财力的规范配置。

（一）政府事权、支出责任的规范意涵

顺应我国实现国家治理体系和治理能力现代化的时代需要，财政作为国家治理的基础和重要保障，基于民主政治的公共品格也日益彰显出来。在公共财产法的视域下[②]，公共性乃国家财政的根本属性，此等公共性的有效展开和充分满足，实质即需要国家财政在获取、支出、监督诸环节的民主和法治品格中来保障其公正性。然而，众所周知，国家提供的公共物品又具有层级性的特点，可以分为全国性的公共产品，准全国性的公共物品和地方性的公共产品，为了提高公共物品的供给效率，满足人民的消费偏好，全国性和准全国性的公共产品应由中央政府来提供，而地方性的公

[①] 谢庆奎，杨宏山. 府际关系的理论与实践 [M]. 天津：天津教育出版社，2007：13.

[②] 刘剑文，王桦宇. 公共财产权的概念及其法治逻辑 [J]. 中国社会科学，2014 (08)：129-146，206-207.

共产品则应由地方政府来提供，由此，在政府间形成事权、支出责任划分与其财权、财力相匹配的规范关系，既防止中央进行整齐划一公共产品供给的效率损耗，提高公共产品的供给效率，又使政府间的事权划分趋于合理化、均衡化，维系中央与地方之间的和谐关系。

1. 事权的概念及其分类

（1）事权的概念

所谓"事权"，是公共事务管辖权及其管理权的简称，在我国多用于财税领域，但尚没有统一的定义，存在职责论（government responsibilities）、权力论（government authority）、权责统一论（government powers and responsibilities）以及支出责任论（expenditure）等多种范式。①

在公法领域，事权即公法主体的职责权限，乃是公法主体依法管辖某一领域公共事务并负责组织、实施的权力。一般来说，在现代民主政治背景下，政府事权具有公共性、层次性、法定性、开放性等特征。在社会主义市场经济条件下，政府公共职能的主要内容是维护国家主权安全、弥补市场失灵的缺陷、优化资源配置、调剂社会分配、维持宏观经济的稳健发展、提供基本公共服务和公共产品、实现社会公平等。② 因此，政府事权的界定要遵循市场作用最大化原则（亦即让市场在资源配置方面发挥决定性作用），从大量的经济性事务中解脱出来，充分实现职能的转变，既要防治不作为，也要禁止乱作为。

基于社会转型时期，政府在整体上职能转变尚不彻底的现实考虑，近年来中央改革文件中提出的是"财政事权"的概念，特指政府运用公共财政资金提供基本公共服务的任务和职责，而与政府承担的促进经济、社会发展的职责相区别。应该说，这种贯彻先易后难的实践理性是一种难得的美德，也吻合特定时期的现实情势。

---

① 洪小东. 事权与支出责任：概念及关系辨析——一个语境化的视角［J］. 时代法学，2018，16（05）：42-49.
② 郭庆旺，赵志耘. 财政理论与政策［M］. 北京：经济科学出版社，2002：43.

(2) 事权的分类

基于事权的层次性，我们可以将事权分为中央事权和地方事权。中央事权即中央政府对全局性、整体性、重要性事务所享有的事权，地方事权即各级地方政府对区域性地方事务所享有的事权。目前我国法律和政策以及学术界关于权力划分的重心放在中央与省级政府这一层次，对省以下政府之间职权的划分关注不多，我国地方政府层级过多，客观上也影响了基层政府的事权划分。其实，随着省直管县改革，财政领域向行政领域推进，县市一级政府的事权界定会显得越来越重要。

根据事权的独享性，我们可以将事权分为专属事权和共同事权。前者是基于其性质和影响，法律规定只能由某一级政府所独享的事权，如中央政府对国防、外交、海关监管依法享有的专属权；后者则是可以由几级政府共同承担并分享的事权。现代行政越来越发达和复杂，政府间共同事权也呈现扩张趋势。

根据事权的法定性，我们可以将事权分为法定事权和授予事权。前者由法律明确授予，后者则是由中央政府或高层政府转授而来。有些事权基于其重要性，法律禁止转授，对授予事权来说，一般不得将其再次转授。

基于国家具有对外和对内的双重职能，我们可以将事权分为主权性事权和治理性事权。主权性事权体现国家的统治职能，是保障国家主权独立完整、不受侵略干涉的关键事务管理权，应由中央政府独享；治理性事权体现国家的对内职能，除主权性事权之外的其他事权都可以归类为治理性事权，可以而且必须在不同层次的政府之间合理、规范分配，以充分发挥治理效率，达成国家善治的目标。

根据事权的权力属性，我们可以把国家所有权力分为立法事权、行政事权、司法事权、监察事权等。值得注意的是，立法事权与行政事权并不总是重合一致的。一级政权组织，如果依法被赋予了针对某些事务的立法权，一般也就同时享有了负责贯彻落实的行政事权，然而，某一级政府被依法赋予了针对某些事务的行政事权，并不意味着该级政府就同时拥有了在这些领域立法的权力。也就是说，中央和高层级政权，可以依据宪法和组织法的规定,把某些事务的行政事权授予下级政府或委托给下级政府。这种错综关系,无疑增加了政府间事权划分的难度。

值得注意的是,目前,法学界探讨中央与地方之间立法权划分的著述比较多,而探讨政府间行政事权划分的论述还不多见,因此,常常发生以政府间立法权划分取代或涵盖行政事权划分的现象。其实,立法事权与行政事权的区别是非常明显的,某一级政府拥有了对某项事务的立法权,并不意味着该政府对该事务就一定要行使行政管理权,它有权将该事务的行政管理权授予地方政府行使。反之,基层政府拥有对大部分事务的行政管理权,却并不同时拥有在这些领域的立法权。一般来说,中央原则上拥有在所有领域的立法权,却并非在所有事务领域都可以直接行使行政管理权,中央直接管理的事务是不多的,大部分事权都赋予了地方各级政府,因为地方政府的主要职责就是执行法律和政策。不但在同一级政权内部,要将立法权与行政权分立,在不同层次的政府之间,也存在立法权与行政权分置的现象。即使中央享有专属立法权的事务,其行政权也可以部分赋予地方政府,至于到底由中央直接行使行政事权,还是授予地方行使行政事权,则取决于中央的多重考虑。然而,我国的特殊性还在于,宪法和法律赋予了中央政府行政法规和设区市以上地方政府行政规章的制定权,各级政府根据组织法,还享有内容广泛的政策制定权,那么,这种行政法规、政策的制定权在各级政府之间的合理分配,也属于一般所说的事权的划分范畴。鉴于制定行政规范性文件也需要花费资财,也需要有财力的保障,因此,明确各级政府制定行政规范性文件的事务范围也是非常必要的。

2. 支出责任的概念辨析

支出责任是财政学中习用的一个概念①,一般是指提供某一公共事务

---

① "事权通常指支出责任,即哪些支出应由哪一级政府来承担,或者说某项事务归哪一级政府管理。事权的特定含义是各级政府对所管理的国有企业或事业单位的行政管理权,它反映的是各级政府管理职能的划分,突出的是行政隶属关系。"吴笛. 中央和地方事权与财权的划分与改革思路 [J]. 合肥工业大学学报(社会科学版),2010, 24 (02): 57-61.

领域财政资金的职责。从法律的规范视角来看，一般来说，事权是管事的权力，支出责任则是出钱的责任，管理公共事务要有相应财力的保障，这是不言而喻的。如果赋予一级政府管理某项公共事务的权力，就应同时赋予其管理该项公共事务的能力，这种能力体现在物质上就是财政资金，因此，提供财政资金的责任就是由其法定事权相伴而来的一种内生责任。一般来说，政府享有某一领域的事权，就同时应该配备相应的财力，以财力保证事权的实施。可见，事权的归属就决定了相应的支出责任的归属，政府的事权与其支出责任在原则上应该是一致的。

然而，现实中政府的支出责任与事权，往往存在被分割的现象。① 第一，虽然在政府的专属事务范围，其事权与支出责任可以做到直接对应，但对大量存在的中央与地方共同事务而言，按照组织法和分税制的规定，其决策权、监督权控制在中央和上级政府中，而具体执行权则是由地方基层政府承担，这就出现事务共管而支出责任过多，压向基层政府的分割现象。第二，中央政府和上级政府所享有的部分事权可以委托给下级政府行使，随之中央和上级政府的支出责任，也转移到了下级政府身上。分税制公共财政体制的建立，实际上意味着一种中央与地方关系在观念和制度上的根本变革。根据公共物品的受益范围和供给的最佳规模理论，在分税体制下，地方政府有了自己特定的事权范围和财权保障，成了地位独立的公法人主体，而不再是单纯为中央和上级政府"代劳"的组织机构。虽然，作为地区的公法人，地方政府也并不排除接受中央或上级政府的委托，代行其部分事权的情况。② 只是在这两种情况下，中央和上级政府必须通过规范的转移支付制度，将财政资金转移给下级政府支出，从这个意义上讲，上级政府仍然享有其事权，也承担着该事项的支出责任，只是其财政支付及监管方式发生了变化。由于共同事权的执行责任委托给了下级政

---

① 通常来讲，当述及财政活动和政府公共收支时，多使用"支出责任"（expenditure responsibility）；当论及政治统治和政府强制时，多使用"政府权力"（government power）。冯兴元. 地方政府竞争 [M]. 南京：译林出版社，2010：174.

② 林文清. 地方自治与自治立法权 [M]. 台北：扬智文化事业股份有限公司，2004：56.

府，下级政府也就同时有权支配财政资金的使用，但提供资金的主要责任却在中央和上级政府。

由此，我们势有必要将政府支出责任与政府对财政资金的具体管理、使用责任相区分，政府支出责任，重点在于政府承担的提供财政资金的责任，而政府对具体财政资金的管理责任，重在按照财政法律、政策规范管理所支配的财政资金的责任。一级政府的财政资金既可以自己使用，也可以委托给下级使用，自己仅承担监督责任，但财政支出责任乃源于其法定事权，只要事权还在，支出责任就不能推卸。①

财政学者之所以习用支出责任这一名称，自然与其学科追求效益的特性有关，但法学界借用这一概念，就需要明辨支出"责任"的内涵。因为对于政府这样的公共性组织体而言，一方面，无法律授权即无权力，政府权力也就意味着责任，职权与职责是一体两面，由此支出责任也具有支出的权力的意涵，保障并尽可能扩展本级政府的财政管理权力，这是任何一级政府都乐意干的事情；另一方面，对于任何一级政府而言，支出责任首先意味着财政资金的筹集责任，现实的难题往往在于基层政府的财政筹集能力有限，导致其公共物品的供给责任有时难以落实。自1994年实施分税制改革以来，中央与地方之间财权和财力划分已大体明晰，地方政府在财力不能胜任其承担事务的支出责任时，就出现了要求支出责任上收和扩大转移支付比重的呼声，从而促进政府间事权的规范划分。②

（二）中央与地方事权和支出责任划分的基本原理

1. 国家治理现代化背景下事权和支出责任与财权、财力的规范匹配关系

在法治国家体制下，贯彻职权法定原则，依照宪法和法律设置的每一

---

① 朱丘祥. 分税与宪政：中央与地方财政分权的价值与逻辑 [M]. 北京：知识产权出版社，2007：119.
② 郑毅. 中央与地方事权划分基础三题——内涵、理论与原则 [J]. 云南大学学报（法学版），2011，24（04）：48-53.

级政权组织，需要达成"一级政权、一级事权、一级财权、一级预算、一级责任相统一"的基本要求。① 首先，每级政府，无论是中央政府，还是各级地方政府，其事权都要与其支出责任相一致。我们知道，财政乃庶政之母，事权，作为对一定范围的公共事务的管辖权及相应的管理权，在财政上就体现为运用财力保障此种公共管理和服务得以落实和贯彻的义务。因此，法律将某项事权赋予某级政府时，就同时应该赋予其相应的财政支出责任，在这里，事权内含着管理事务的权力和支出的责任，实质上是事权的阴阳两面。在公法领域，权责一致乃基本的法治原则，有事权就有事责，事权归属哪一级政府，管理权力就在该级政府，支出责任就落实在该级政府，不容推诿。

自然，政府履行事责，是需要充足的财力来保障的，因此，法律在赋予政府事权的时候，就需要同时配置必要的财力。在公法人主体资格方面，基本的原理就是，法律主体的权力能力与其行为能力要一致。政府的财力，既可以是自有财力，也包括转移财力。自有财力是政府基于其依法赋予的财权取得的财政资金，转移财力则来自中央和上级政府的财政转移支付。由此，由政府事权与财力相匹配的原则，又可以推导出政府事权与财权的法定统一关系。

所谓财权，即财政收支权，是法律赋予政府筹集、使用财政收入的权力，狭义上的财权主要指政府的财政收入权（财政支出权取决于财政收入权），包括征税权、收费权、国有资源和国有资产收益权以及发债权等，以征税收入为政府收入的主体，故现代国家又可以称为税收国家。财力是指各级政府在一定时期内拥有的以货币表示的财政资源，它的来源可以是本级政府的自有收入，包括税收、收费收入、国有资源和国有资产收益以及各种政府债务等，还包括中央和上级政府的转移支付资金。财权与财力的联系与区别：拥有财权，一般来讲就拥有相应的财力，但政府财力不一定都来自其法定财权，还可能是来自中央和上级政府的财政转移资金。因

---

① 楼继伟. 深化事权与支出责任改革 推进国家治理体系和治理能力现代化［J］. 财政研究，2018（01）：2-9.

此之故，政府财力与其事权相匹配是必须的，但政府财权却不总是与其事权直接匹配。我国经过数年艰苦的探索，才将政府财权与事权相一致的政策取向改为政府财力与事权相匹配原则。①

然而，虽然政府财权不是与其事权直接匹配的，但依法赋予政府与其事权相适应的财权却是必要的。② 所谓财权与事权相适应，就是要保证正常情况下大多数政府的自有财力占其全部财力的主要部分，或至少也要有半数以上的政府的自有财力占其全部财力的大部分，这样的财政分权体制才是比较科学合理的。此中原因在于，政府依靠自己的法定财权能获取主要的财政收入：一方面，这能促使地方政府向当地人民充分负责，在同级人大预算硬约束之下充分发挥其主动性、积极性，尽职尽力履行好公共管理和服务的职能，提高财政资金的使用效率；另一方面，这可以减少财政资金在政府间转移的成本损耗。正如日常生活中人们所常见的，花自己的钱为自己办事是最有效率的，花别人的钱为别人办事是最低效的。当然，对于地方政府来说，赋予相同的财权，并不能保证各个地方政府所获取的财政收入都能满足其财政支出的基本需要，这主要是因为各地的经济发展水平存在差距而导致税源丰啬不同，所以，贫穷地区还需要中央的财政资助。

由于中央政府被依法赋予了维护国家统一和民族团结、促进地区间基本公共服务均等化等职责，所以，中央政府被赋予了相对于地方较大的财权，以保障其获取较多的财力。中央政府的财力，除一部分用于本级直接的财政支出外，相当部分需要转移到地方，资助地方政府。这样，表面看起来，中央政府的财力要大于其直接财政支出，然而，中央以财政资金补助地方，促成边远、民族地区和平稳定和地区间基本公共服务均等化，这正是中央政府的法定职责所在，也是其事权的重要组成部分。如此看来，

---

① 倪红日，张亮.我国基本公共服务的范围、均等化标准及其进程设计［J］.税务研究，2012（08）：3-7.

② 贾康.从原则到现实：中央、地方事权与支出责任合理化中的立法思维［J］.财会研究，2014（05）：5-6，10.

中央政府的财力也是与其事权相匹配的,只是中央政府用于转移支付的这部分财力的使用方式不同罢了。

因此,通过分析,我们可以清楚地理出政府事权、支出责任与财力、财权的逻辑关系:无论中央政府,还是地方政府,依法被赋予了多大范围的事权,就要承担相应的支出责任,政府事权与其支出责任要一致。为了保障政府履行其支出责任,就要给政府配备相称的财力,政府财力要与其支出责任相适应。如果要保证政府有获取财力的充分能力,就必须赋予政府必要的财权,保障政府通过法定财权能获取其大部分的财力。中央政府财力要大于其直接支出财力,其多余部分就是补助贫穷地区的转移支付资金,而这又是因为中央政府承担着平衡地区发展的法定职责。这种政府财权、财力与事权、支出责任的匹配关系是市场经济体制的内在需要,也是目前国际上大部分国家使用的制度框架。①

2. 我国中央与地方事权和支出责任与财权、财力配置的实然进程

改革开放以前,我国长期实行计划经济体制。在计划经济年代,财政实行统收统支,各级政府的事权与财力虽然是统一的,但与市场经济体制下的政府事权有着完全不同的内涵。② 在按照行政隶属关系划分各级政府的支出责任后,收入划分实行直接匹配,财力实行"先下后上"。所谓直接匹配、先下后上是指,这个时期的各类体制都是以地方财政收支挂钩为依据进行制度设计的,也就是根据各级政府的支出事权,收入与支出规模相联系进行财政资源配置,有些领域是以收定支,有些领域是以支定收,但都是实行收支挂钩的。"先下后上",主要是指财政资金在中央和地方政府之间的分配流向。除了新中国成立初期的统收统支体制外,政府间财政资源的配置在事权划分的前提下,基本上首先是以省以下地方政府财政收支挂钩优先配置为基础的,之后,中央财政再集中部分资金。③

---

① 贾康,阎坤. 中国财政:转轨与变革[M]. 上海:上海财经出版社,2000:78.
② 如果说,在市场经济体制下,政府事权主要指向公共管理和服务职能,则在计划经济体制下,政府事权的一个重要方面则是直接管理经济活动,主要包括对国有企业和集体企业的经营管理,而当时私有经济在国民经济中所占的比重非常小。
③ 倪红日. 应该更新"事权与财权统一"的理念[J]. 涉外税务,2006(05):5-8.

第四章 央地事权和支出责任划分的基本原理、原则与技术

在改革开放初期，实行了财政包干制，在中央与地方的事权和支出责任大体不动、小幅下放的情况下，按照不同地方政府的财力水平包干上缴中央的财政定额，剩余的都作为地方的财力由地方自主支出，这种激励机制曾一度极大地调动了地方发展地区经济、争取更大自主财力的积极性。

但是，自从我国确立社会主义市场经济体制之后，尤其是1994年分税制改革以来，随着公共财政体制框架的基本建立，事权和财权的概念内涵逐渐发生了改变，各级政府的事权和财权并不是在原来理论意义上的统一。事实上，尽管在现行政府间财政关系中，仍保留着按照行政隶属关系来划分支出责任的做法，但是随着市场经济下政府与国有企业关系的变化，政府职能的转变，以及管理型政府向服务型政府的转变，尤其是收入划分的分税制体制的形成，这些都使得原有"事权"的概念与新体制发生了明显的不协调和严重的理念上的碰撞。这种变化主要体现在两个方面：一是事权的范围改变了，政府在与市场、社会逐渐划清权利边界的同时，政府不再直接管理经营国有企业了，但政府的服务职能却有所增加，这样一减一增，整体上政府的事权是有所缩小的。二是支出责任的重心向下移。在简政放权的大趋势下，中央只牢牢抓紧事务的决策权、监督权，而大部分事务的具体管理、服务责任落在基层政府身上，这样，在财权、财力上收的同时，事权和支出责任却在往下压，二者之间形成逆向运动。

值得注意的是，政府事权与其支出责任的直接紧密匹配，只发生在政府的专有事务范围内。然而，分税制改革之后，我国中央与地方事权和支出责任划分方面存在的最大问题在于，央地共管事务太多，中央专属事务范围偏小，地方自主事权的观念还没有普遍确立，其范围也还模糊不清。[1]在中央与地方共享事务领域，事权需要分工，支出责任则需要分摊。例如，在义务教育、食品安全监管等共管事务领域，事务按照要素、功能进

---

[1] 贾康，苏京春. 现阶段我国中央与地方事权划分改革研究[J]. 财经问题研究，2016（10）：71-77.

行分工，中央拥有决策权、监控权，地方负责事务的具体执行实施，相应地，中央和地方也要各自分摊部分的支出责任。显然，共管事务这类事务的效益外溢是很显著的，因此，中央和上级政府应该多分担一些支出责任。而且，中央分担的支出责任，相当部分要及时通过专项转移支付的方式下划到地方，因此，转移支付的标准、比例、时限等也需要有明确、规范、稳定的法律规定。实际上，由于中央政府拥有较高的政治地位，分摊事务支出责任的决定权在中央，这样，中央倾向于将更大份额的支出责任压给地方政府，这是很自然的做法。加之，转移支付的标准、方式、时限还缺乏明确的法律规定，由此，中央在共管事务中分担的支出责任比例偏小。相反，地方基层政府在共管事务中承担的支出责任却偏重，并且，央地共管事务范围又是如此之广，这显然给地方基层政府增加了沉重的财政压力与包袱。① 地方政府在财力不能胜任其承担事务的支出责任时，就出现了要求支出责任上收和扩大转移支付比重的呼声，从而倒逼政府间事权的规范划分。

  由此可见，我国政府间权责配置的现实进程表现为，财政包干制下地方财力变大、中央财力变弱，直接导致中央启动分税制改革，以"财权与事权相一致"为指导原则，向中央集中财权、财力。实质上，迫于当时的改革背景，央地之间公共管理和服务类事权的调整基本上没有触动，只是财力向中央集中了。然而，分税制体制在导致财力上收的同时，各种具体事务的支出责任却层层往地方政府下压，在地方财政窘迫的压力下，中央适时修改了改革政策，提出了"财力与事权相一致"的新提法，加大了对地方的财政转移支付力度。但是，在各级政府内部，事权与其支出责任不相适应的现象还是普遍存在的，尤以中央政府为甚。政府间财力的规范配置是以其事权和支出责任科学合理划分为前提的，如果政府间事权和支出责任划分不到位，财力无论怎样调整也是难以合理的。鉴于此，党的十八届三中全会通过的《中共中央关于全面深化改革若干重大问题的决定》明

---

  ① 中国国际经济交流中心财税改革课题组. 深化财税体制改革的基本思路与政策建议[J]. 财政研究，2014（07）：2-10.

确指出，要"建立事权和支出责任相适应的制度"，其中最重要的内容是"适度加强中央事权和支出责任"，至此，央地事权和支出责任的规范调整才正式走上改革的前台。①

二、政府间事权与支出责任规范划分的原则与技术

（一）厘定政府间事权与支出责任规范划分的基本原则

如前所述，政府间权责划分的根本性指导原则是宪法规定的"遵循在中央的统一领导下，充分发挥地方的主动性、积极性的原则"。除此之外，在社会主义市场经济体制的宏观背景下，借鉴世界上其他国家的有效经验，政府间事权和支出责任规范划分还要遵循如下基本原则。

1. 效率最大化原则

根据宪法规定，我国一切国家机关都要"不断提高工作质量和工作效率"。在市场经济条件下，政府以向社会提供公共服务和公共产品为天职，自然需要在有限财力下追求公共治理效率的最大化。鉴于政府提供的公共服务和公共产品具有层次性和外溢性的特征，要求不同性质及影响范围的公共产品应当由最适当层级的政府提供，才能有效避免效率损失。《国务院关于推进中央与地方财政事权和支出责任划分改革的指导意见》在规定"划分原则"时明确指出，"兼顾政府职能和行政效率"。

首先，根据公共产品的层次性特征，全国性公共产品必须由中央政府来提供，才能实现规模效应和高效率配置；准全国性公共物品需要协

---

① 迈入新时代以来，中央出台的了一系列有关事权和支出责任改革文件，主要包括：2016年《国务院关于推进中央与地方财政事权和支出责任划分改革的指导意见》（国发〔2016〕49号）、2018年《国务院办公厅关于印发基本公共服务领域中央与地方共同财政事权和支出责任划分改革方案的通知》（国办发〔2018〕6号）、《国务院办公厅关于印发医疗卫生领域中央与地方财政事权和支出责任划分改革方案的通知》（国办发〔2018〕67号）、2019年《国务院办公厅关于印发科技领域中央与地方财政事权和支出责任划分改革方案的通知》（国办发〔2019〕26号）和《国务院办公厅关于印发教育领域中央与地方财政事权支出责任划分改革方案的通知》（国办发〔2019〕27号）等。

调区域之间的利益和分工合作，因此应尽量由中央政府或高层政府统一提供；区域性公共产品则由本地政府负责提供，效率会更高。① 根据亚当·斯密（Adam Smith）的论证，由地方政府提供地方性公共产品最能迎合该地区居民的偏好，地方政府也接受属地人民的即时监督，因而也是最有效率的。②

其次，根据公共产品的效益外溢性特征，基本不具有区域外溢性的公共产品，这应该由本地政府单独负担资金筹集和管理的责任。相反，公共产品的外溢性程度越高，就越应该由较高层级政府承担或由央地政府共同承担。

2. 基于信息对称的地方优先、上升分配原则

公共事权有主权性事权与治理性事权之分，除了主权性事权由中央专属管辖之外，在治理性权力的分配上，宜采取地方优先、上升分配原则。财政部原部长谢旭人在《求是》上撰文指出："合理界定中央与地方的事权和支出责任。在加快政府职能转变、明确政府和市场作用边界的基础上，按照法律规定、受益范围、成本效率、基层优先等原则，合理界定中央与地方的事权和支出责任，并逐步通过法律形式予以明确，力争首先在义务教育、公共卫生、公共安全、社会保障等基本公共服务领域划清中央与地方的支出责任。"③ 其中的"基层优先原则"实际上就是地方优先、上升分配原则。地方优先、上升分配原则首先是基于政府公共治理所必须的信息对称的需要。一方面，属地政府对当地人民的公共性需求有更真切的了解，属地政府负责提供地方性公共产品更具有针对性，更能满足当地

---

① 2016年《国务院关于推进中央与地方财政事权和支出责任划分改革的指导意见》（国发〔2016〕49号）在规定"划分原则"时指出："体现基本公共服务受益范围。"将"体现国家主权、维护统一市场以及受益范围覆盖全国的基本公共服务由中央负责，地区性基本公共服务由地方负责，跨省（区、市）的基本公共服务由中央与地方共同负责"。

② 斯密. 国民财富的性质和原因的研究 [M]. 郭大力，王亚南，译. 北京：商务印书馆，1872：798.

③ 谢旭人. 加快财税体制改革 促进又好又快发展 [J]. 求是，2010（22）：31-33.

人们的真实意愿；另一方面，属地人民对当地政府也更知根知底，对当地政府的建议、批评、监督就能更到位。《国务院关于推进中央与地方财政事权和支出责任划分改革的指导意见》明确指出："更多、更好发挥地方政府尤其是县级政府组织能力强、贴近基层、获取信息便利的优势，将所需信息量大、信息复杂且获取困难的基本公共服务优先作为地方的财政事权，提高行政效率，降低行政成本。"

地方优先、上升分配原则在其他许多国家被称为辅助原则①，即在人民主权的理念之下，要充分尊重属地人民的主动性、积极性和创造性，凡属地方人民有能力自行处理的事务，即由地方人民自主治理，中央原则上不予干涉，中央只处理那些超出地方人民能力范围的事务，或者涉及多个地方因而需要各地配合和协调的事务，或者对维护共同体的生存和整体利益必须集中处理的主权性事务。同理，凡属基层人民有能力处理的事务，较高层级地方政府就不应予以干涉，而由属地人民自行处理。② 由此可见，地方优先、上升分配原则虽在一定程度上契合了功能最适的精神，但更注重平等的个人在公共性事务中的主体地位和优先价值，强调地方自治在国家治理中的基础性地位，而这样一种观念显然基于近代以来的人本主义哲学，是个体从神学政治的束缚中解放出来的结果。这与我国目前所倡导的"以人为本"的科学发展观完全吻合，其现实的法律依据则是我国宪法对人民主权原则和人权保障原则的确立和保障。

3. 政府事权、支出责任与财权、财力相匹配原则

正如同"兵马未动、粮草先行"一样，政府间事权的配置，一定要与其财力、财权配套进行，保证各级政府事权的履行有充足的财力作为基础保障。宪政体制下，事权与财权应该统一，财力与支出责任应该统一。财权作为在法律授权下的各级政府负责筹集和支配收入的财政权力，

---

① 李旭东. 辅助性原则及其对中国央地关系法治化的意义 [J]. 哈尔滨工业大学学报（社会科学版），2017, 19（05）：37-44.
② 蔡茂寅. 中央与地方权限划分问题之研究 [M]// 李鸿禧，等. "台湾宪法"之纵剖横切. 台北：元照出版公司，2002：414.

主要包括税权、收费权以及发债权。财力是指各级政府在一定时期内拥有的以货币表示的财政资源，它的来源可以是本级政府的税收、上级政府的转移支付、非税收入以及各种政府债务等。由于中央和上级政府的财权往往大于最终支配的财力，当一部分财力转移到下级政府后，这部分财力使用者不是上级政府，而是下级政府，所以下级政府的财力往往大于其财权。这种财权与财力关系的框架是目前国际上经济发达国家通常使用的制度框架。①

鉴于中央政府具有维护国家统一、保障国家安全和秩序、调节地区间公共服务水平等职责，而地方政府只负责本地区公共服务的职责，所以中央政府应该具有比地方政府更大的财权，这就是事权与财权的统一。但与此同时，政府尤其是地方政府的支出管理责任与其财力要匹配。地方政府往往比中央政府承担更多的具体支出管理责任，这要求其有相应的财力做保障，所以，即使在地方政府财权比较小的情况下，通过中央财政或者上级的财政转移支付，下级政府所获得的财力应该满足他们所承担的支出管理责任的需要。虽然政府支出管理责任与其财权不一定完全对称，但公共支出责任与其财力相匹配却是必要的。《国民经济和社会发展第十二个五年规划纲要》明确规定："在合理界定事权基础上，按照财力与事权相匹配的要求，进一步理顺各级政府间财政分配关系。"这对之后一段时间我国政府间事权与财权、财力的规范调整发挥了重要的指导作用。《国务院关于推进中央与地方财政事权和支出责任划分改革的指导意见》也明确规定了"实现权、责、利相统一""做到支出责任与财政事权相适应"的划分原则。

4. 差别化原则

考虑到我国是一个发展中大国，各地的经济、社会、文化发展水平事实上存在着较大的差异，因此，在划分中央与地方的事权和支出责任时，有必要进行适当的差别化考量，充分照顾到不同发展水平的地方的实际需

---

① 贾康，阎坤. 中国财政：转轨与变革 [M]. 上海：上海财经出版社，2000：78.

要，在地方政府履行公共服务的权责配置和支出责任分担方面，按照不同的标准给予区别对待。其实，差别化原则在我国不同领域已有一定的实践经验，例如，在义务教育经费的分担方面，考虑到东、中、西部三类地区财力的差异，中央和省级政府对县市政府在义务教育方面的财力补助就作出了不同比例的规定。目前，我们需要在总结实践经验的基础上，对城镇化地区政府和农村地区政府、对工业化集聚区政府和生态保护区政府等的事权和支出责任作出有针对性的不同规定，以充分满足各类地区人们在公共服务和公共产品方面的不同需求。

5. 法治原则

法治原则作为调处我国中央与地方权力分配关系的基本原则，在我国法学界已经获得普遍认同，区别仅在于有些学者概括为法制原则，如熊文钊在《大国地方——中国中央与地方关系宪政研究》一书中表述为"中央与地方关系法制原则"[1]，而有些学者称为"法治原则"，如封丽霞在《中央与地方立法关系法治化研究》中将之概括为"中央与地方立法关系法治化"。[2] 诚如苏力所说："可以而且必须进一步考虑如何从一种注重实践的眼光来总结 50 多年来的政治经验，注意以制度化来保证和稳定中央与地方的分权，逐步使作为一种政治策略的两个积极性转化为中国政治制度的一个重要组成部分，使两个积极性都得到制度化的保证，一方面是保证国家的统一，另一方面是为地方秩序的形成发展创造可能性和激励因素。事实上，1990 年以来，在中央与地方分权问题上，中国

---

[1] 熊文钊在《大国地方——中国中央与地方关系宪政研究》中总结了处理中央与地方关系的八大原则：（1）统一性与灵活性相结合原则；（2）集权与分权相平衡原则；（3）公民权利决定公共权力原则；（4）地方自治原则；（5）行政区划与经济区域相协调原则；（6）行政区域与司法区域相分离原则；（7）公共权力成本最小原则；（8）中央与地方关系法制原则。熊文钊.大国地方——中国中央与地方关系宪政研究［M］.北京：北京大学出版社，2005：118.

[2] 封丽霞.中央与地方立法关系法治化研究［M］.北京：北京大学出版社，2008：116.

已经有了相当一些制度创新并且有越来越强的制度化趋势。"①

鉴于市场经济与民主法治政府的内在关联，各国政府都注重用法律形式将事权划分和相应的财权配置加以规范，使之不被任意更改。地方政府固然不能超越自己的职责权限，侵犯中央的权威，更为关键的是，中央政府也不能利用其优势地位，随意干涉地方利益。这对保证各级政府积极有效地履行自己的职责、对维持政府间关系的协调有序极为重要。例如，在德国，其各级政府的事权和支出范围，便是依据分权自治与适当集权相结合的原则在基本法中加以明确规范的，虽然此后常有局部的调整，但其基本框架并未发生改变。② 不但联邦制国家中央与地方的事权划分是在宪法和法律中加以规定的，而且许多单一制国家也都采取在宪法和法律中划分中央与地方权限的形式，不同的只是分权的程度和程序有所区别而已。其根本原因就在于考虑到人民主权原则下地方就地方事权分权自治的不可或缺性，防止因政策的改变而使这一趋势发生根本性的逆转。

对我国而言，在划分政府间职责权限方面遵循法治原则更具有非凡的时代意义和现实紧迫性。一方面，中央与地方事权的划分必须在宪法和法律所规定的原则、规则下进行，不突破宪法和法律的刚性规定；另一方面，由于现有制度在政府事权及其划分方面尚存在明显缺失，这就要求及时把通过实践检验的可行标准、机制、办法上升为法律，使政府间的权力划分获得有效的法律保障，走上规范化、法制化轨道。

(二) 改进政府间事权和支出责任划分的基本技术

1. 事务本质分析是基础

所谓事务本质分析，即通过分析事务的逻辑结构及其法律及政策上的特点，而将具有"全国一致"属性者划归为中央事务，将具有"因地制

---

① 苏力. 当代中国的中央与地方分权——重读毛泽东《论十大关系》第五节 [J]. 中国社会科学, 2004 (02): 42-55, 205.
② 张千帆. 西方宪政体系：下 [M]. 北京：中国政法大学出版社, 2000: 34.

宜"性质者划归为地方事务。具体来说，可从以下方面来加以判断：一是依利益所及之范围，如果兴办某事务所产生的利益覆盖全国则属于中央事务，如仅涉及一个区域的人民，则归为地方事务；二是事务所涉及的地域范围，如涉及全国范围则属于中央事务，如仅限于某一地方区域，则属于地方事务；三是依事务的整齐一律性，如事务在性质上必须在全国范围内整齐一致者，则属于中央事务，如允许依特性因地制宜发展者，则归之于地方；四是依完成某事务所需之能力，如事务之兴办必须集合巨大的人力、财力及高度的技术者，则归之于中央事务，如在人力、财力、技术等方面没有特殊要求者，则归之于地方事务。①

事务本质的上述各个方面如果割裂地考虑，则难免互相牵制而矛盾丛生，陡然增加事务划分的难度，甚至使划分变得不具有可能性。因此，事务性质的各个方面必须综合考虑，如在考量事务的利益波及范围的同时，兼顾事务的作用空间，再衡之以人力、财力等方面的可能性，这样大部分事务即可获得比较妥当的划分。第三个具体基准——整齐一致性，不同于其他三个基准之处则在于，它在很大程度上带有主观性，属于一种政治性决断，取决于占主导地位的政治价值观。再则，如何决定各具体基准之间的优先顺序，只有符合第一基准的要求时，才能进行第二基准的考量，以此依次类推，则需要决策者高超的政治理性和智慧。

2. 功能最适分析是关键

功能最适分析从中央与地方政府的功能定位出发，认为中央与地方依各自设立的宗旨、具备的条件、经济特性及实力、历史背景等承担着不同的功能，再根据事务的性质对政府功能提出的不同要求，综合考量，来决定该事务在中央与地方政府之间的归属。② 一般来说，中央的职能具有效力最高、影响全国、根本、重要、主导等特征，而地方职能则具有效力较

---

① 罗秉成.“中央"与地方权限划分之探讨——兼论"宪法"第十章之修废问题[J]. 新竹律师会刊, 1997, 2 (01): 36.
② 许宗力. 地方立法权相关问题之研究 [M] // 许宗力. 宪法与法治国行政. 台北: 元照出版公司, 1999: 295.

低、区域性、从属性、执行性、补充性等特点。① 该理论强调以中央与地方的能力作为基准，而以最能发挥功能之治理机关作为权限划分的标准，可谓具有合理的经验基础。与事务本质论的客观性相比，这相当于从主观性特征出发来选择某一事务的治理机关，因此，它必须与事务本质论结合起来才能全面妥当地界定事务的归属。也就是说，既要在客观方面界分、把握某一事务的性质，也要在主观方面明确某治理机关的功能及实际能力，然后将事务的特性与治理机关的功能进行配对考量，以选择最适合的权限归属。

然而，政府的功能定位在形式上有赖于宪法和组织法的完备、明确及稳定，在实质上则涉及国家的职能范围、政府层级的合理划分以及每一级政府基于其经济能力、人口组成、地理环境、历史背景等因素所具备的治理能力，这绝非简单而明了的现成事实。尤其在高度发达的现代社会，政府的功能还必须与时俱进，做动态的调整，这更增加了政府功能界定的复杂性。因此，功能最适理论也面临着很多现实的难题。

首先，可能导致同级地方政府的权限不一。功能最适理论需要综合考虑各地方政府的诸多条件，而实际上各地方政府的很多条件不同，甚至有些还有根本性差异，如我国经济特区和经济开发区政府与西部地区政府之间的职能差异无疑是巨大的，城市与农村地区的政府职能也有显著不同。然而，如果由国家宪法和组织法对同级政府职能作同质性的统一规定，则与地方政府的实际情况会发生很大的偏差，而如果全面考虑各地政府的具体情况，并配置以特殊的职能和手段，则可能出现一国范围之内同级地方政府权限不一的现象，如果这种不相一致性超过一定的限度，也会对单一制国家的稳定造成不利影响。

其次，功能最适理论还可能与事务本质论发生矛盾。例如，某一事务从性质上来说，限于区域性事务，不波及全国范围，应该由地方政府管辖为宜，但从地方政府所实际具备的能力来看，地方政府可能无能力完成此

---

① 周旺生. 规范性文件起草 [M]. 北京：中国民主法制出版社，1998：545.

一职能，包括人力、财力等方面的短缺等，将此等事务归属于该地方政府这在功能方面未必是最适合的。在这种情况下，如果还是将权限划归地方，则必须通过中央的补助、支援而加强地方能力。

3. 平等参与程序是保障

平等参与程序试图通过程序上地方参与机制的保障，以补权限划分实体标准不成熟、难明确之缺。鉴于现代政府间的合作、协调关系，中央在确定公共事务的权限时，尤其是涉及需要地方配合或交由地方执行的事务时，应尽量保障地方有参与讨论、表述意见的机会。程序保障的方式则包括事前的协商程序和事后的救济程序，就事前参与程序而言，地方应依法享有参与特定事项的立法规划过程的权力，使地方的意见有机会反映到相关的国家政策上，包括地方被征询意见的机会、制度性的协商机制及特定事项必须由地方人民投票通过等方式。事后救济程序包括政府间权限争议解决的调解机制、仲裁机制和诉讼机制。

程序保障理论顺应了注重程序正义的现代法治发展趋势，力求在实体权限划分标准难于统一的混乱中，寻觅出一条崭新的路径，但程序保障毕竟离不开实体的标准，尤其在中央与地方的协商过程中，当出现不同方案难以定夺时，还是应该从事务的性质和所需要的治理机关的能力等方面综合衡量，而不能仅凭多数来决定事务的归属。事实上，即使在德国等联邦制国家，中央设有参议院，以保障各州利益，也并非所有联邦立法事务都要经参议院讨论通过，参议院仅对宪法明确规定的立法事务行使审议权。因此，程序保障的意义仅在于，防止中央独断专行，排斥地方必要的知情和参与，单方面决定对地方利益有较大影响的事务，而地方的参与，也并不意味着地方的意见一定会被采纳。

4. 特定机制和方法是补充

特定机制和方法是根据某一事务的法律调整需要特定的机制和方法，将其划归中央权限。例如，犯罪设定、刑罚手段、限制人身自由的强制措施、剥夺政治权利等对公民的影响巨大，其设置权通常归属于中央。我国立法法第八条和第九条规定，有关犯罪与刑罚、对公民政治权利的剥夺和限制人身自由的强制措施和处罚等，只能由全国人大及其常委会制定法律。世界上绝大多数国家都将犯罪和刑罚设定，规定为中央或联邦政府的专有权力。英国法律在地方制定的细则中有罚金数额不得超过50英镑的规定。

之所以规定某些调整机制和手段由中央独享，主要是因为这些机制和手段对公民基本权利可能带来巨大的影响，其设置不可不慎。它预定中央比地方能更为谨慎地行使保障基本人权的职责，这也招致不少诟病。尤其是它完全禁止地方行使某些调整机制和手段，使地方在处置某些地方性事务时穷于应付，也影响到地方治理效率。① 因此，中央对特定机制和手段的专享范围，应该局限在法律明确规定的狭小范围内，因而此种划分标准也只能作为其他标准的一种补强手段。

在上述技术手段的基础上，还存在"核心—剩余"理论和"行政类型"分析等技术措施，前者认为可以在现有法制的既有规定上，明确中央与地方的核心事权范围，对剩余的事权或新出现的事务再按照法定的方法和程序来定夺；后者主张按照现代国家行政的不同类型，诸如计划行政、给付行政、管制行政等，依各类型的特性决定其在政府间的归属。前者倾向于对既有法律规定的事后归纳，后者则容易陷于行政类型标准多元化的争议之中。

---

① 张千帆. 权利平等与地方差异：中央与地方关系法治化的另一种视角 [M]. 北京：中国民主法制出版社，2011：35-37.

第五章

央地事权和支出责任规范划分的法治进路

近年来,党和国家在中央与地方事权和支出责任划分方面的改革明显加速。2019年中共十九届四中全会通过的《中共中央关于坚持和完善中国特色社会主义制度、推进国家治理体系和治理能力现代化若干重大问题的决定》进一步指出:"赋予地方更多自主权,支持地方创造性开展工作。"2020年10月《中共中央关于制定国民经济和社会发展第十四个五年规划和二〇三五年远景目标的建议》中提出,"明确中央和地方政府事权与支出责任,健全省以下财政体制,增强基层公共服务保障能力"。这些重要论断都突显了在国家整体视野中地方应有的地位和功能。我们应该承认,1993年的分税制改革方案,还只是建立一个适应市场经济体制需要的财税体制的开端,虽然政府间的财权、财力划分已经具备了一个基本的体制框架,但在政府间事权划分领域才开始破题。与以往财税体制改革的相关表述相比,党的十九大以来的决议把中央与地方财政关系改革摆在整个财政制度改革的首要地位,更加突出了央地事权划分作为全面深化改革突破口的重要价值。现在,我们有必要在既有成就的基础上,继续推进改革,在央地之间建立一个纵向权责规范配置的体制机制。

一、央地事权和支出责任规范划分的实践路径

我们从比较的视野来看,在世界范围内,中央与地方政府权限的划分,主要有三种方式:第一种是在宪法和基本法律中列举中央政府的权限,如此,中央的事权得以明确,至于地方政府的事权范围,则以除中央事权外的剩余权归属之,凡不被宪法禁止者,都属于地方政府的事权范围,这种方式的可能弊端是,在剩余权中有关全局者,如果归属于地方,长此以往，有可能造成地方的分裂，如美国的南北战争，这种方式的典型实例是美国。① 第二种方式是将地方政府的事权在宪法中加以列举，剩余权则归属于中央，实行这种方式的前提是中央的权威地位有坚实的保障，在中央的统一权威之下，为发挥地方的积极性，渐次为地方分权开一"口子"，但一旦中央的权威受到时势的威胁，地方坐大，则中央就只有剩余权的虚名。第三种方式是将中央与地方政府的事权范围在宪法和法律中分别列举，一是列举中央的专属事权，以保障中央的权威和国家的统一，二是列举地方的自治事权范围，来限制地方以剩余权对抗中央权威，并对未明确的剩余事权，在原则上规定，关乎全国利益的，由中央管辖，关乎地方局部利益的，由地方管辖。这种方式的实例是加拿大宪法。② 在借鉴他国经验的基础上，结合我国实际，笔者认为，以宪法规定的"民主集中制原则"为指导思想，兼顾法律规定、受益范围、效益最大化、基层优先、事权与财力相匹配等原则，应选择"先上后下再中间"的方式来规范划分中央与地方政府间的事权和支出责任。

（一）优先划分中央专属事务与垂直管理支出责任

1. 中央专属事务优先划分的必要性

所谓"先上"，就是在央地纵向分权中，中央专属事务优先划分和保障，先以法律的规范形式明确界定中央必须重点集中的事权范围。在宪法和法律中，贯彻法律保留原则，将对保障国家统一、维护国家主权和中央权威有根本性意义的主权性事项和全国性公共产品的供给职能归属中央。

我国是一个统一的多民族国家，尚处于发展的"赶超"阶段，且社会

---

① 在美国等实行联邦制的国家，其文献中的"中央"一般指州（邦）政府，地方政府则指州以下的区域性政府。因为联邦制国家形成之前，每个州原来实为一独立主权国家。但一旦数个州合成一个新的主权国家，实质上联邦政府就成为新国家的中央政府，原来的州则转变为地方政府，毕竟，中央之所以称为中央，不是指其处于地理上的中央位置，而是指一个政治共同体必然需要一个维护国家整体利益、协调各方的决策中心、指挥中心。只是我们在阅读联邦制国家的文献时要注意这种名称上的差别，不可望文生义而形成误解。

② 张君劢. 国议论 [M]. 台北：商务印书馆，1970：6-7.

整体转型时期各种矛盾逐步显露出来，加之，国际局势风云变幻，因此，加强中央权威以保障国家主权安全、促进各方面协调发展一直具有优先价值。同时，基于中央职能具有影响全国的主导性特征，我们将中央专属事权优先划分出来无疑具有根本性的重要意义。

首先，在国家主权安全方面，我们还有一些问题需要解决，因此，加强国家的军事力量建设，保卫国家的领土主权，维护国家的统一和安全，为我国的和平崛起和中华民族的全面振兴筑起坚固的长城，提供可靠的保障，一直是中央不容松懈的最基本的主权事务。

其次，尽管经过改革开放40多年的高速度大发展，我国各方面都取得了巨大的成就，但我国还是一个经济、文化发展水平相对落后的发展中大国。由此，在经济领域，维护国家的经济安全和经济主权，还是一个很迫切的现实问题。因此，中央政府在民族产业促进和保护、汇率管制、金融风险调控等方面，要发挥主导性作用。

再次，我国的改革是遵循着东、中、西部的梯度依次放权和开放的，由此，我国东、中、西部三类地区，在经济和社会发展方面已经形成了巨大的差距。如果说东部地区基本实现了工业化和城镇化，那么中西部地区还在工业化和城镇化的进程之中，而且，我国还有半数以上的人口生活在农村，其生产方式还是传统的农耕方式，这与上海、广州、深圳的高度工业化相比，差异巨大。由此，中央政府在反对分裂势力以维护国家统一和民族团结、促进地区之间平衡发展、保障全国人民均享最基本的公共服务和产品等方面责任重大。

最后，我国的市场化改革正处于全面深化的进程之中，一方面，政府要进一步简政放权，让市场在资源的配置中发挥决定性作用；另一方面，中央政府又要立足于经济和社会发展的全局，改善宏观调控的手段方式，提高宏观调控的能力和效率。由此，中央政府在产业政策、财税调控、金融调节、生态保护等方面的任务和压力不是减轻了，而是更加繁重了。

2. 中央专属事权的选择标准——事务重要性

在中央与地方之间划分出中央专属事务的范围，实践中，一般以事务的重要程度为基本标准。

以事务的重要程度为标准,即以事务所关涉的社会关系在国家生活中的重要程度作为划分中央与地方权限的依据,由此决定中央专属事务范围。凡关涉国家主权统一、领土完整、经济安全、社会稳定、全国经济、社会生活的宏观调控和平衡发展等方面的事务,无疑在国家事务中处于重要地位,必须由中央统一行使调控权,其余的事项则可在地方政府间做适当的划分。

在央地之间根据事务的重要程度来划分彼此的管辖权限,这是由纵向分权的内在逻辑决定的。事务的重要性首先取决于决策者的视角,即国家决策者的价值目标及价值排序。我们站在维护国家主权独立和安全的视角看,则诸如国防、外交、征税等事务都是对维持主权的统一性不可或缺的关键性事务,因此应归中央专属且垂直管理。其次,除此之外的国内治理性事务,诸如经济、社会、文化、环保等领域的广泛事权,则难以轻易断言其重要性。我们不能认为经济建设就一定比环境保护更重要,也不要说国家修建葛洲坝水电站就属重要,而一个省市或县镇修筑一个防洪、蓄洪的水库或水坝就不重要。自然,全国性的水利建设相对于地方性的水利建设而言,其影响范围要广,其价值也就显得大,因此其重要性就相对来说要高,由此,事务的重要性与该事务的影响范围、受益范围和外溢效应息息相关。2016年在《国务院关于推进中央与地方财政事权和支出责任划分改革的指导意见》(以下简称为《指导意见》)中,也明确"将体现国家主权、维护统一市场以及受益范围覆盖全国的基本公共服务由中央负责"。再次,事务重要性的判断显然有赖于对事务性质全面、准确的把握,只有认清了事务的本质才有可能在诸多事务之间权衡其重要性,因此,重要标准又与事务本质标准具有内在的一致性。最后,以事务的重要性来决定其权限归属,取决于由谁来判断事务的重要性,以及如何判断事务的重要性,这就涉及决定事务划分的机构、机制和程序方法。

事务重要性作为一个带有综合性的考量基准,在中央主导的行政分权中是一个主要的判断标准。在中央集权的体制下,尤其是在地方的公法人地位没有确立和保障的情况下,地方在很大程度上是作为中央的地方执行机关而存在的。然而,出于治理效率的考虑,中央与地方各级政府之间也有必要划分事权、财权,有利于有效落实责任、提高效率。这时,中央在综合衡量各种事务的重要性的基础上,将相当部分的事权和支出责任划分给地方,而仅将具有非常重要价值的事务保留,由中央执行,这属情理之中的事。但重要性标准与供给效率也可能发生冲突,某些事务如果从供给效率来看,可能由地方政府来提供要更有效,却因为它与国家根本利益的重要关系而决定由中央垂直管理,这时,重要性就压倒了效率。并且,重要性标准因其主观性较强,而容易"随领导人的改变而改变,随领导人看法的改变而改变",因此重要性标准还要与法治原则相结合,将经过实践检验的、有效而合理的中央事务及时以法律的形式固定下来。

　　我们需注意的是,中央专属事务与垂直管理事务并非完全等同。中央垂直管理事务固然属于中央专属事务,但中央专属事务并不一定非实施垂直管理不可。中央专属事务一般由中央立法并执行之,但也不排除在特殊情况下,中央通过明确的授权条款或特别的授权决定,而将某一专属事务或其一部分委托给地方执行,中央则通过在地方设立监控机构加强行政监督。反之,中央立法并执行的事务一般都是中央专属事务。也有些中央专属事务,中央出于管理成本、供给效率及历史传统的考虑,也可能授予地方管理或实施共同管理。如我国公安事务和审计事务具有明显的全国统一性特征,但并没有实施中央垂直管理,而是中央与地方共同领导、共同管理。这就有必要引入"共同事务"的概念。此种问题的关键在于,针对共同性事务,中央与地方应分担彼此责任,尤其在财政上责任的分担是重中之重。

　　某一事务即使在性质上具有全国一致的特性,这也并不意味着该事务的全部或者其从头到尾的全过程都要由中央直接办理。如在国土监管中,中央只应直接负责控制耕地的占用和土地的用途管制,而城市的土地利用规划等方面的事务则应由地方政府负责;如食品安全监管,从食品的生产许可、销售监控到责任事故的查处,中央和地方在不同的阶段分别负责,中央只需在某些关键环节实施垂直监管。在卫生领域,只有对像非典、甲流等急性传染疾病的预防和控制,因具有影响全国的效应,才应由中央垂直管理,其他方面则可以授予地方负责。

3. 中央专属事务的范围及其支出责任

在立法法第八条规定的中央专属立法事项的事务基础上,重点是要将国土、自然资源、能源、生态环境保护等与国计民生联系紧密部分的管理权限收归中央,增强中央政府宏观调控的职能,同时,统一国家司法权力,提高中央政府运用法治手段调控地方的能力。① 根据上述中央与地方事权划分的原则和决定中央专属事务的标准,结合我国垂直管理的实践经验,我国中央专属事务的范围主要包括:

(1) 与国家主权与安全具有密切相关性或根本保障性价值的事务,如军事、外交、海关、边防、边检、商检事务等,宜由中央垂直管理。国防、外交、边防事务不但关涉国家主权,其效果也及于全国,因而应在全国具有一致性,所以应归中央专属管辖。海关、边检、商检等事务则关涉国家的经济安全,一般也由中央垂直管理。对于警察事务来说,则需区别对待。武装警察,关系国家安全和紧急事态处置,应属中央专属事务范围;刑事警察专司打击和侦查犯罪,关涉全民安全,且效果具有较大外溢性,宜由中央与地方共同负责;剩余的交通警察、民事警察等则主要负责当地居民的生活安全,属于地方性事务范畴。

(2) 完全不具有地域性、应在全国范围整齐一致的事务,如度量衡和货币印制、发行等,宜由中央垂直管理。

---

① 2016年在《国务院关于推进中央与地方财政事权和支出责任划分改革的指导意见》中,规定在"适度加强中央的财政事权"的大方向上,"坚持基本公共服务的普惠性、保基本、均等化方向,加强中央在保障国家安全、维护全国统一市场、体现社会公平正义、推动区域协调发展等方面的财政事权",并要求"逐步将国防、外交、国家安全、出入境管理、国防公路、国界河湖治理、全国性重大传染病防治、全国性大通道、全国性战略性自然资源使用和保护等基本公共服务确定或上划为中央的财政事权"。

（3）对国家整体发展具有重要影响和意义的事务，如国税征管、金融监管、宏观调控等，宜由中央垂直管理。

（4）具有巨大的经济外部性或外部不经济效果，不宜各地分别提供的公共事务，如涉及全域居民的防疫①、防灾等安全监管、大江大河的治理、生态环境整治②、贯穿全国数个地区的水道、高速公路、铁路管理等③，宜由中央垂直管理。

（5）对中央级别的国有自然资源④、国有资产运营之监管，宜由中央垂直管理。

（6）在性质上地方不能或不宜办理的事务，宜由中央专属直管。所谓性质上地方不能办理者，如对地方政府的法律监督、行政监察督察、财政监控等，具有他律性，而不能被地方的内部监督所取代，显然属于中央的专属事务范围，只是中央的层级监督得与地方内部监督、地方人民监督等其他方式的监督并行不悖。

（7）应基于全国性考虑或具有全国性规模的事务，也不宜地方自行办理，而适宜中央统一直管，如国家级古迹、公园、生态区等的划定、管

---

① 2018年7月《医疗卫生领域中央与地方财政事权和支出责任划分改革方案的通知》（国办发〔2018〕67号）规定："以全国性或跨区域的公共卫生服务为重点，适度强化中央财政事权和支出责任。"据此特别将"重大公共卫生服务"确定为中央事权。

② 根据2020年5月《生态环境领域中央与地方财政事权和支出责任划分改革方案的通知》（国办发〔2020〕13号）规定，中央事权主要包括：国家生态环境监测网的建设与运行维护；国务院有关部门负责的规划和建设项目的环境影响评价管理及事中事后监管；全国入河入海排污口设置管理；具有全局性和战略性意义、生态受益范围广泛的生态保护修复的指导协调和监督；全国控制污染物排放许可制、排污权有偿使用和交易、碳排放权交易的统一监督管理；核与辐射安全监督管理；跨国界水体污染防治和全国入河入海排污口设置管理。

③ 2019年6月《交通运输领域中央与地方财政事权和支出责任划分改革方案》（国办发〔2019〕33号）明确将国道、界河桥梁、边境口岸汽车出入境运输管理；长江干线航道、西江航运干线、国境、国际通航河流航道、中央管理水域水上安全监管和应急救助打捞确定为中央财政事权。

④ 2020年6月《自然资源领域中央与地方财政事权和支出责任划分改革方案》（国办发〔2020〕19号）已经明确将中央政府直接行使所有权的全民所有自然资源资产的统筹管理确定为中央事权。

理，全国邮政、通讯监管等。

因此，概括起来，中央承担的专属事务大致包括国防、外交、海关、边防、商检、国际界河维护等主权性事务；货币发行、汇率、准备金率、利率等金融监管事务；征税、国债、财政平衡、转移支付等经济安全事务；重大公共卫生服务、全国性铁路、公路、航空、内河航运、海运和管道运输等全国性公共服务事务。重点是建设和完善西部地区的交通运输网、跨境的公共事务、跨省公共事务、跨国公共事务、基本公共服务全国均等化职能、宏观调控职能、司法职能等。

在界定中央直管事务的时候，很有必要认清事务管辖与地域管辖的区别。在宪法意义上，事务管辖权（事权）应是地域管辖权确定的基础和前提。这就是说，先要在中央政权与地方政权组织体之间进行事务分工，某些事务如果依法确定是中央事务，一般来说，地方就无权管理，地方政府对该事项就不拥有地域管辖权。自然，中央管理其专属事务也必须在地方划分行政管理层级，设立相应的组织机构，以高效实现其管理目标。但这与宪法层面整体国家的区域划分和管理层级设置是完全不同的两个问题，不能混为一谈。如中国人民银行在地方设立九大中心分行，中心分行之下再设支行，这不与国家的行政区划和行政层级相对应。当初之所以改革银行管理体制，还特意设计成不与国家的行政区划和行政层级一一对应，目的就是排除地方政府对中央金融政策和监管的不当干预。因此，对于一级政府而言，先要被依法赋予对某类事务的管理权，即事权，才有在其管辖区域内进行地域管辖权划分的可能。

对这些中央的专属事项，中央一般应设立机构进行垂直管理，独立承担财政支出责任，而不应把其委托给下级政府行使。国务院在关于财政事权和支出责任改革的《指导意见》中，已经明确提出："强化中央的财政事权履行责任，中央的财政事权原则上由中央直接行使。中央的财政事权确需委托地方行使的，报经党中央、国务院批准后，由有关职能部门委托地方行使，并制定相应的法律法规予以明确。对中央委托地方行使的财政事权，受委托地方在委托范围内，以委托单位的名义行使职权，承担相应的法律责任，并接受委托单位的监督。"我国从20世纪90年代开始实施垂直管理改革，除传统的国防、外交、海关等主权性事务外，在征税、金融监管、国土监管等领域都实行了垂直管理，中央政府上收了人事任免权和承担了财政支出责任，提高了中央的宏观调控能力，这是非常必要的。今后要继续在生态环境保护、食品药品监管等关系国计民生的重点领域推行垂直管理改革，强化中央的财政支出责任。①

（二）明确界定地方自主事权及其支出责任

1. 赋予地方政府自主事权的必要性

所谓"后下"，就是在明确中央专属事务的基础上，要在宪法和法律中，运用列举的方式明确将治理性的地方公共物品的供给职能赋予各级地方政府。所谓地方性事务，一般是一些带有明显地域性、服务性、技术性的治理型事务，与国家主权和安全没有直接的紧密关联，因而可以放手让地方发挥主动性和积极性去高效供给。在地方政府之间划分事权，可以采取基层优先原则进行分配②，即首先界定基层政府的事权范围，只有基层政府无力承担的地方性事项才划归较高层级地方政府，出现跨省的区域性公共事项，由中央来组织协调和实施③。

如前所述，长期以来，我国的地方政府的双重身份在实践中呈现出名实难副的尴尬。地方政府既是同级人大的执行机关，又是国务院和上级政府统一领导下的国家行政机关，地方政府的这种双重身份在中央与地方利益一致的前提下，能够节省组织成本，提高行政效率。但是，在中央与地

---

① 《国务院关于推进中央与地方财政事权和支出责任划分改革的指导意见》规定："中央的财政事权由中央承担支出责任。属于中央的财政事权，应当由中央财政安排经费，中央各职能部门和直属机构不得要求地方安排配套资金。中央的财政事权如委托地方行使，要通过中央专项转移支付安排相应经费。"

② 谢旭人. 加快财税体制改革 促进又好又快发展 [J]. 求是, 2010（22）：31-33.

③ 目前，《国务院关于推进中央与地方财政事权和支出责任划分改革的指导意见》主要涉及中央与省级地方政府的事权划分，对省以下政府之间的事权划分仅仅提出了原则性指导意见。2022年6月国务院办公厅发布《关于进一步推进省以下财政体制改革工作的指导意见》（国办发〔2022〕20号），省以下政府之间的事权划分将成为未来一段时间的重点改革事项。

方利益和权限处理模糊的情况下，因地方政府的角色冲突而造成的行为偏颇就难以避免。在实践中，地方政府出于本能会倾向于照顾本地利益，但是，由于中央和上级按照"党管干部"的原则它们实际掌管着地方主要人事的任免权，又使地方政府不得不唯上级的意图是从，二者之间的平衡常常因人、因事而异，由此滋生地方选择性执法而瞒上欺下的现象。这既使得中央法律和政令的统一意志难以在地方切实落实，也使地方人民的正当利益和诉求不能真正实现。其实，政府之间关系的本质应该是利益关系，中央有自己的正当利益，地方也有地方正当的利益，二者都值得尊重并以法律来规范。① 地方政府既作为中央的代理执行机关，又作为地方人民的利益代表，两种身份有时难免会有冲突，在不同利益的履行上容易产生机制上的梗塞。由此，央地纵向权责改革的基础是依法保障地方政府作为公法人的法律主体资格，并赋予其适度范围的自主事权。②

然而，对于地方性事务和地方自主权，宪法和法律目前对地方自主事权范围尚没有明确界定。③ 正因为地方性事务缺乏宪法、法律的明确规定，才导致有些地方政府在行使执行权的过程中发生越权和滥用权力的现象，并滋生大量"地方保护主义"行径。

---

① 应松年，薛刚凌. 行政组织法基本原则之探讨[J]. 行政法学研究, 2001 (02): 6-16.

② 《国务院关于推进中央与地方财政事权和支出责任划分改革的指导意见》对此有明确规定："要切实落实地方政府在中央授权范围内履行财政事权的责任，最大限度减少中央对微观事务的直接管理，发挥地方政府因地制宜加强区域内事务管理的优势，调动和保护地方干事创业的积极性和主动性。"

③ 近年来，我国学界的研究逐渐深入，有学者根据宪法和组织法有关地方政府职权的条款表述，运用法教义学方法，解读出了"两种意义上的地方政府与两种类型的地方政府事权"，即地方政府在职能上具有双重性，兼具地方自主机关和中央派驻机关的身份，并具有两种不同性质的事权：地方政府的自主事权和地方政府的中央委托事权。参见王建学. 论地方政府事权的法理基础与宪法结构[J]. 中国法学, 2017 (04): 124-142.

在立法法的相关规定中，可以推导出地方人大享有先行立法权①，而行使先行立法权的事务为"属于地方性事务需要制定地方性法规的事项"，但到底哪些事务是地方性事务，立法法却没有进一步规定。② 新修订的立法法在赋予省级人大在不同宪法、法律、行政法规相抵触的前提下制定地方性法规的权力的基础上，进一步明确赋予设区的市人大对城乡建设与管理、环境保护、历史文化保护等方面的事项制定地方性法规的先行立法权。那么，当地方人大依据宪法和立法法，有了制定地方性法规的自主性权力后，地方政府作为地方人大的执行机关，显然也就拥有了执行同级人大意志的一定范围地方性事务的自主事权，这已经非常明确。现在问题的关键在于，赋予地方政府哪些范围的自主事权是比较科学合理的，以及在四级地方政府之间又按照什么标准来层层划分。

2. 地方自主事权的划分标准——治理有效性

众所周知，宪法在处理央地权责划分的时候，规定了"发挥两个积极性"的指导原则。如果说第一个积极性，"遵循中央的统一领导"，其价值目标在于维护国家的安全、统一等主权利益，那么，另一个积极性，即"充分发挥地方的主动性、积极性"，其价值目标则在于通过有效授权，激励地方各级政府尽力履行好辖区范围内基本公共服务的职责，以提升国家

---

① 先行立法权即地方人大先于中央就地方性事务制定地方性法规的权力，立法法第六十三条规定："省、自治区、直辖市的人民代表大会及其常务委员会根据本行政区域的具体情况和实际需要，在不同宪法、法律、行政法规相抵触的前提下，可以制定地方性法规。"第六十四条规定："地方性法规可以就下列事项作出规定：（二）属于地方性事务需要制定地方性法规的事项。除本法第八条规定的事项外，其他事项国家尚未制定法律或者行政法规的，省、自治区、直辖市和较大的市根据本地方的具体情况和实际需要，可以先制定地方性法规。在国家制定的法律或者行政法规生效后，地方性法规同法律或者行政法规相抵触的规定无效，制定机关应当及时予以修改或者废止。"可见，地方行使先行立法权的前提是中央在该领域尚未立法，地方才可以针对该事务进行实验性立法，并不得抵触中央既有法律、政策的原则精神，而中央针对该事务还是保留了随时立法调控的权力，且一旦中央针对该事务制定了法律，地方就有义务遵照执行，并及时修改、调整原来的地方立法内容。

② 立法法的草案中曾有关于地方性事务的列举规定，却在正式通过的法律文件中被删除了，但这足以说明这一问题已经引起立法者和理论界的注意。

的治理效率。① 由此，赋予地方政府多大范围的自主事权，其基本的取舍标准应是治理的有效性。

所谓治理有效性，就是要解决治理性的事权细分到哪一级地方政府才能最大限度地提升效能的问题。治理性事务，都是与居民生活联系密切的基本公共服务和公共产品，诸如市政交通、市容卫生、社区公共设施供给与管理等，其基本特点：量大面广、直接面向民众、与民众生活息息相关、最容易引发民众意见等。因此，治理这些事务的难处是监管面广、信息不对称、执法成本高。由此，笔者认为，针对治理性事务的这些特点，中央可以制定全国一致性的规划和基本标准，来体现国家必要的均衡发展的统一意志，但不宜由中央直接管理和提供，而应授权地方组织实施。同时，在地方政府之间要贯彻基层政府优先的原则，因为县乡等基层政府直接面向民众，可以有效地缩减信息不对称所带来的监管成本，提高治理效率。只有当超出基层政府治理区域、具有明显的效益外溢性的治理性事务时，才划分给较高一级的政府。

针对地方性公共事务，一旦在宪法和法律中明确了归属，中央政府就应该尊重地方的自主权，来充分发挥其主动性和积极性。并且，地方政府就地方人事、组织及财政等领域的自主权力应有宪法和法律进一步地保障。在地方性事务领域，基本上由当地政府自主实施，包括制定政策标准、筹集财政资金、监督评价等。中央只有在必要的时候，才依法进行适度规制。自然，地方政府在地方性事务领域具有相对独立的自主权，更多地向地方人民负责，必须承担向当地人大报告工作、接受监督、评议等政治和法律的责任。正是地方政府在依法独立履行地方性事务的治理权责时，其法律地位与中央的法律地位才是平等的。

---

① 《国务院关于推进中央与地方财政事权和支出责任划分改革的指导意见》明确指出："激励地方政府主动作为。通过有效授权，合理确定地方财政事权，使基本公共服务受益范围与政府管辖区域保持一致，激励地方各级政府尽力做好辖区范围内的基本公共服务提供和保障，避免出现地方政府不作为或因追求局部利益而损害其他地区利益或整体利益的行为。"

当然，在地方事务领域，并不排除中央行使立法权和监督权。中央在必要的时候，出于全国范围内公共物品供给基本均衡的目的，对地方性事务制定基本标准，规定最低标准或最高限度，或提供数套方案供地方选择等，只是这种"基准式立法"宜粗不宜细，不能规定得过于细密而从基本上损害宪法、法律确立地方自主权的原旨。对难以达到基本标准的贫困地区，中央按客观标准核准后，通过一般转移支付方式实施财政补助的义务。中央和上级政府对地方性事务的监控方式应采取法律形式，主要是通过设立专门机构以法定程序解决地方政府间发生的权限争议，并通过宪法监督渠道裁判、撤销地方政府可能发生的越权行为。

总之，在优先划分中央专属事权的基础上，依法赋予地方政府充分的自主权，并保障地方事权履行的足够财权、财力，以高效率地满足地方民众的基本公共服务需求，是央地事权和支出责任配置中一个非常重要的方面。

3. 地方事权的范围及其支出责任

事实上，各级地方政府在改革开放过程中由中央下放权力来行使了大量公共事务的治理权，只是这些权力大都是经由中央政策授予的，有明确法律依据的尚是少数，存在不科学、欠规范、难稳定的特性。而且，向地方下放事务管理权并没有同时匹配相应的财力，由此导致地方政府的财政困境。正是鉴于在向地方放权过程中出现严重财政风险并潜藏相当大的社会及政治风险，中央才在新时期全面开启了央地事权和支出责任的重新调整改革的方案。

2016年《国务院关于推进中央与地方财政事权和支出责任划分改革的指导意见》在注重加强地方政府公共服务、社会管理等职责的基础上，"将直接面向基层、量大面广、与当地居民密切相关、由地方提供更方便有效的基本公共服务确定为地方的财政事权，赋予地方政府充分自主权，依法保障地方的财政事权履行，更好地满足地方基本公共服务需求"，并明确"要逐步将社会治安、市政交通、农村公路、城乡社区事务等受益范围地域性强、信息较为复杂且主要与当地居民密切相关的基本公共服务确定为地方的财政事权"。我们应该承认,这是目前在中央层面对地方事权较为明确的定性和具体的界定,其意义重大。只是《指导意见》仅对地方四级政权的事权作出了概括性统一的规定,尚有待省以下改革的进一步细化,而且,地方事权的范围还显得有点窄。

近年来,国务院办公厅陆续发布了一系列经过党中央、国务院同意的基本公共服务领域中央与地方财政事权和支出责任划分改革方案,其中,对地方政府事权和支出责任大都作出了较为明确的规定。

2019年5月《科技领域中央与地方财政事权和支出责任划分改革方案》(国办发〔2019〕26号)规定,地方财政事权包括地方按相关规划等自主实施的科技人才引进、培养支持等人才专项,地方科研机构改革和发展建设等。

2019年6月《交通运输领域中央与地方财政事权和支出责任划分改革方案》(国办发〔2019〕33号)规定,地方财政事权主要包括省道、农村公路、道路运输站场,道路运输管理,其他内河航道、内河港口公共锚地、陆岛交通码头,客运码头安全检测设施、农村水上客渡运管理,地方管理水域的水上安全监管和搜寻救助,城际铁路、市域(郊)铁路、支线铁路、铁路专用线,由地方决策的铁路公益性运输,承担通用机场相关职责,邮政普遍服务、特殊服务和快递服务末端基础设施,一般性综合运输枢纽相关职责,公路、水路、铁路、民航、邮政、综合交通领域地方履职能力建设等。

2020年1月《公共文化领域中央与地方财政事权和支出责任划分改革方案》(国办发〔2020〕14号)规定,地方事权主要有:为落实中央关于繁荣发展社会主义文艺的部署要求,由政府组织实施或支持开展的公益性文化活动、展览、文艺创作演出等,涉及文学、舞台艺术、美术、广播电视和网络视听节目、电影、出版等方面,其中有地方确定并由地方组织实施或支持开展的事项;地方组织实施的省级及以下非物质文化遗产代表性项目和传承人传习活动、文化生态保护区保护等;地方组织实施的文化交流方面的事项;对地方级公共文化机构改革和发展建设的补助;地方职能部门及所属机构承担的公共文化管理事项。

2020年5月《生态环境领域中央与地方财政事权和支出责任划分改革方案》（国办发〔2020〕13号）规定，地方自主事权包括土壤污染防治、农业农村污染防治、固体废物污染防治、化学品污染防治、地下水污染防治，除中央与地方共同事权之外的其他地方性大气和水污染防治，噪声、光、恶臭、电磁辐射污染防治，地方性的生态环境监测，地方规划和建设项目的环境影响评价管理及事中事后监管，控制污染物排放许可制的地方监督管理，生态受益范围地域性较强的地方性生态保护修复的指导协调和监督，地方性辐射安全监督管理，地方行政区域内控制温室气体排放等事项。

2020年6月《自然资源领域中央与地方财政事权和支出责任划分改革方案》（国办发〔2020〕19号）规定，地方事权包括地方性自然资源调查监测的组织实施，地方性自然资源信息系统的建设与运行维护，地方基础性、公益性、战略性地质调查，地方基础测绘及地理信息管理等事项；地方性的自然资源确权登记管理；法律授权省级、市（地）级或县级政府代理行使所有权的特定全民所有自然资源资产管理；地方性国土空间规划及相关专项规划的编制和监督实施，相关规划、战略和制度明确由地方落实的任务；地方性国土空间用途管制，地方性自然资源年度利用计划管理，地方行政区域内土地征收转用的管理和具体实施，受地方性国土空间用途管制影响而实施的生态补偿等事项；生态受益范围地域性较强的其他生态保护修复；地方行政区域内的土地、矿产等自然资源节约集约利用，林业地方优势特色产业发展；因自然因素造成的其他地质灾害综合治理，地方地质灾害风险调查、隐患排查、监测预警及其他地质灾害防灾减灾，地方行政区域毗邻海域的海洋观测预报、灾害预防、风险评估、隐患排查治理等，其他林业草原防灾减灾等事项；其他地方性的自然资源领域督察、执法检查、案件查处等。

2020年7月《应急救援领域中央与地方财政事权和支出责任划分改革方案》（国办发〔2020〕22号）规定，地方财政事权包括地方性的应急管理制度建设、应急救援能力建设、安全生产监督管理、应急宣传教育培训，地方性的事故调查处理、自然灾害调查评估、灾害事故应急救援救灾等。

除上述改革方案已经明确的地方政府事权之外，笔者认为，地方政府事权范围还可以适当拓展，增加如下事项：地方区域内的市场秩序维护和地方治安管理，地方市政建设和基础设施建设，城乡公路、社区建设，地方金融监管，地方发展规划、经济结构调整，地方就业促进，地方金融和非金融企业国有资产，地方行政事业单位国有资产管理，地方历史文化保护等。①

秉持前述地方事权基层优先配置的原则，基于近年来不少地方事权改革的实践经验，笔者认为，要在中央确定的地方事权基础上，进一步明确县市政府的自主事权范围，县市政府事权大致包括本区域内民生保障和公共事业，本区域内城乡发展规划和产业结构调整，市县级文化体育设施、幼儿园教育、成人教育，治安管理、人口和户籍管理，社区服务，公共设施和市政工程，市县级基础设施建设、区域内道路建设，辖区内公共交通网络建设与运营，城市和县域规划，城乡垃圾与污水治理，区域内土壤污染、噪声污染和农业污染治理，市县范围内的社会救助、历史文化保护等。

毫无疑问，地方自主事务由各级地方政府独立承担支出责任，为保障地方对自主事务有能力承担起财政支出责任，有必要给地方政府配备相应的财力，这种财力可以分为自有财力和补助财力，前者是地方政府依法在分税制框架中享有的税种收入和分成收入，后者是中央及高层级政府基于基本公共服务全国均等化而通过一般转移支付方式补助的财力。值得注意的是，地方政府的自有财力应该占据较大比例，至少也要保证全国范围内半数以上的地方政府的自有财力占大部分，只有这样的分税制框架才是妥当的。诚如学者所指出的，地方财政自主的最终目标在于从"地方"与

---

① 中国国际经济交流中心财税改革课题组. 深化财税体制改革的基本思路与政策建议[J]. 财政研究, 2014 (07): 2-10.

"公民"关系的维度上保障地方公民,通过相对独立于中央的地方代议机关根据自己的意志来满足地方性公共需要,以落实财政民主的要求。① 这就要依法赋予地方政府必要的财权,尽管地方政府的财权与其事权难以做到完全匹配,但地方政府的财权与其事权相适应还是应该有保障的。

(三) 压缩共同事务范围并细分支出责任

1. 共同事务的特性及其管理体制

所谓"再中间",是指在"先上后下"将中央与地方的事项明确以后,将介于全国性事项与地方性事项之间的大量的"准全国性公共事项",确立为中央与地方的共同事务。这部分事务的权限划分错综复杂,是一个世界性的难题。从事务的性质来看,该种事务既具有一定程度的全国一致性、效益外溢性、全局影响性,又具有较为明显的地域特性和需求特性。如果单纯由地方管理,会发生效益外溢而降低管理效率,并破坏必要的全国一致性;如果单纯由中央管理,则管理成本过大而难以承受,并会因刚性的全国标准而难以保障满足地方偏好。国家因此才决定由中央与地方共管,例如,义务教育、食品安全监管、大气污染治理等属于典型的中央与地方共管事务。

共同事务往往难以从性质上明确界分,一般采取排除法,即除去中央专属事务和纯粹地方事务之外的事务,就归属共同事务的范畴。我国尚处于社会大转型的关键时期,受传统计划经济体制的影响,共同事务的领域尤其广泛,前述宪法规定中央与地方各级政府都有"管理权"的事务,除去其中的中央垂直管理事项之外,大部分属于共同事务。根据立法法规定,地方对国家法律和行政法规的统一规定享有因地制宜的补充性立法权,这些地方有权行使补充性立法权的领域就归属中央与地方共同事务的范围。

我国对共同事务确立的基本管理体制是"中央统一决策、地方分级执行"。中央对共同事务的统一领导首先体现在制定全国统一法律和政策方

---

① 秦前红,付婧. 我国地方财政自主的公法保障[J]. 甘肃社会科学,2016 (02):196-201.

面，既然是共同事务，该事务就具有一定程度的全国一致性，中央有必要通过立法规定需要在全国保持统一的方面，诸如全国性标准、审批权限、财政分担比例、管辖范围、行为方式、程序，等等。但中央在共同领域的立法必须区别于在专属事务上的立法，后者可以说属于垄断性立法，地方政府基本没有自主空间，前者则属于"框架式"立法，要给地方留有适度的自主空间，让其因地制宜执行中央意志。其次，必须加强中央对共同事务的监控。对地方遵守中央法律和统一政令的情况，中央不但可以依法进行层级监督、政纪监察、审计监督，而且要加强专门监督，即设立垂直管理的专职督察、监控机构，采取有效机制、办法实施日常监督。近几年来，中央在土地、环保、审计、统计等领域实施垂直督察，有力促进了中央政令的统一实施。另外，针对共同事务，中央与地方政府之间难以避免会出现一些矛盾和权限争执，可以考虑在国务院设立专门的权限裁判机构来裁处，也可以在完善宪法监督制度的基础上通过司法途径来加以解决。

共同事务由地方政府分级负责实施管理，也就是说，该种事务的行政管理权基本由地方政府负责，其中省级政府直接执行的事项比较少，大部分由县市一级政府具体组织实施，这方面的权限分工也必须由中央通过法律、政策加以明确。随着省直管县改革由财政领域向行政领域推进，共同事务权限在地方政府之间的划分主要就是在省级政府和县市级政府之间进行，凡是法律、法规、政策规定由省级政府直接执行的事项属于省直管事务范围，其余的事务则划归县市管辖。

2. 共同事务的范围及其支出责任分担

政府间存在一定的共同事务是正常的，我国的问题在于中央与地方共同事务太多了，这在地方组织法中体现得非常明显，毋庸赘述。背后的根本原因在于，在坚持中央统一领导的原则下，社会各界还没有确立清晰的地方自主事权，以至于中央对所有的地方性事务都可以干预和管理，体现出明显的"父爱主义"特质。[①] 一方面，共同事务过多，既增加了中央的

---

① 郭春镇. 论法律父爱主义的正当性 [J]. 浙江社会科学, 2013 (06): 75-82, 158.

压力和责任，使得中央疲于应付地方性事务，又使中央对自己应该切实管好的专属事务顾及不够；另一方面，共同事务过多，由于央地信息不对称、监管成本太高，容易为各种形式的敷衍、不负责找到借口，因此，常常发生"上有政策、下有对策"的选择性执法现象，严重影响整体国家的管理效率。鉴于此，国家必须通过改革，压缩共管事务的范围。2016年《国务院关于推进中央与地方财政事权和支出责任划分改革的指导意见》明确提出了"减少并规范中央与地方共同财政事权"的政策要求。针对现阶段中央与地方共同财政事权过多且不规范的情况，规定"必须逐步减少并规范中央与地方共同财政事权，并根据基本公共服务的受益范围、影响程度，按事权构成要素、实施环节，分解细化各级政府承担的职责，避免由于职责不清造成互相推诿"。在此基础上，明确"要逐步将义务教育、高等教育、科技研发、公共文化、基本养老保险、基本医疗和公共卫生、城乡居民基本医疗保险、就业、粮食安全、跨省（区、市）重大基础设施项目建设和环境保护与治理等体现中央战略意图、跨省（区、市）且具有地域管理信息优势的基本公共服务确定为中央与地方共同财政事权，并明确各承担主体的职责"。

值得注意的是，共同事权有中央和地方共同事权与地方政府之间的共同事权之分，前者往往由中央承担主要责任，后者则由省级政府承担主要责任。在近年来发布的基本公共服务领域的事权改革文件中，尚主要限于对央地共同事权进行了适当的压缩，以体现中央《指导意见》的精神要求。当然，也有一些文件对央地共同事权的规定尚有改进之处。例如，2020年《生态环境领域中央与地方财政事权和支出责任划分改革方案》中将"影响较大的重点区域大气污染防治，长江、黄河等重点流域以及重点海域、影响较大的重点区域水污染防治等"事项确定为央地共同事权，这就有不妥当之处。以往这些事项就是实行央地共同监管，但多头治理就会出现各自为政、相互推诿的现象，效果并不理想。众所周知，大气污染和水污染具有非常明显的负外部性，其治理效益也具有非常高的外溢性，基于我国大气污染和全国性大江大河污染的严峻现实，很有必要将"影响较大的重点区域大气污染防治，长江、黄河等重点流域以及重点海域、影响较大的重点区域水污染防治等"这些全局性的重大污染防治事权确立为中央事权，使中央的统一决策部署和充足财力来保护好这些重点区域、流域的环境质量。

在已有实践经验的基础上，我们可以考虑将诸如义务教育、高等教育①、社会保障、基本公共卫生服务②、生态工程等"准全国性公共事项"及一些跨地域的基础设施、突发性事项、大气和水污染防治等公共服务，跨地区的公共资源开发利用，扶贫工程，灾难救助事务，包括旱涝灾害、地质地震灾害、矿难和风灾、火灾、病虫害以及像非典等疾病灾难的救助和战争等灾难救助等，明确为中央与地方的共同事权，由中央与各级地方政府按一定的比例来承担管理和支出责任，决策权归属中央部委，具体管理责任则授予各级地方政府。

对共管事务，中央既然承担了主要的行政决策权，就必须分担相应部分的财力，以体现事权与支出责任相一致的原则。中央虽然承担财力的具体比重需根据具体事务、具体情况而定，但中央必须有清醒的责任意识，并通过专项转移支付方式规范进行，避免"中央请客、地方买单"等不合理现象的发生。目前，在义务教育、公共卫生、公共安全、社会保障等领域，我国正在积极探索中央与地方齐抓共管的方式，在财力负担比重上有了初步的共识，取得了一些有益的经验。在总结实践经验的基础上，《国

---

① 2019年5月《教育领域中央与地方财政事权和支出责任划分改革方案》（国办发〔2019〕27号）将"义务教育；学生资助；学前教育、普通高中教育、职业教育、高等教育等其他教育"都总体确认为中央与地方共同财政事权。所需财政补助经费主要按照隶属关系等由中央与地方财政分别承担，中央财政通过转移支付对地方统筹给予支持。

② 2018年7月《医疗卫生领域中央与地方财政事权和支出责任划分改革方案》（国办发〔2018〕67号）规定的共同财政事权包括：基本公共卫生服务，支出责任实行中央分档分担办法；城乡居民基本医疗保险补助和医疗救助；计划生育方面的扶助保障项目；医疗卫生机构改革和发展建设、卫生健康能力提升、卫生健康管理事务、医疗保障能力建设、中医药事业传承与发展等能力建设方面的事项，按照隶属关系分别由同级财政承担支出责任。

务院关于推进中央与地方财政事权和支出责任划分改革的指导意见》规定,"中央与地方共同财政事权区分情况划分支出责任"具体分为 4 种分担支出责任的情形：

第一,根据基本公共服务的属性,体现国民待遇和公民权利、涉及全国统一市场和要素自由流动的财政事权,如基本养老保险、基本公共卫生服务、义务教育等,可以研究制定全国统一标准,并由中央与地方按比例或以中央为主承担支出责任。

第二,对受益范围较广、信息相对复杂的财政事权,如跨省（区、市）重大基础设施项目建设、环境保护与治理、公共文化等,根据财政事权外溢程度,由中央和地方按比例或中央给予适当补助等方式承担支出责任。

第三,对中央和地方有各自机构承担相应职责,如科技研发、高等教育等,中央和地方各自承担相应支出责任。

第四,对中央承担监督管理、出台规划、制定标准等职责,地方承担具体执行等职责,中央与地方各自承担相应支出责任。

值得注意的是,2018 年 1 月国务院办公厅印发了经过党中央、国务院同意的《基本公共服务领域中央与地方共同财政事权和支出责任划分改革方案》（国办发〔2018〕6 号）（以下简称为《共同事权改革方案》）。《共同事权改革方案》坚持以人民为中心的原则,从解决人民最关心、最直接、最现实的利益问题入手,首先将教育、医疗卫生、社会保障等领域中与人直接相关的八大类 18 项主要基本公共服务事项明确为中央与地方共同财政事权,并合理划分支出责任。在划分各类共同事权的支出责任时,我们遵循"差别化分担"原则。在充分考虑我国各地经济社会发展不平衡、基本公共服务成本和财力差异较大的国情的基础上,中央承担的支出责任根据地区财力水平而有所不同,主要向困难地区倾斜。

一是中等职业教育国家助学金、中等职业教育免学费补助、普通高中教育国家助学金、普通高中教育免学杂费补助、城乡居民基本医疗保险补助、基本公共卫生服务、计划生育扶助保障 7 个事项,实行中央分档分担办法。①

二是义务教育公用经费保障等6个按比例分担、按项目分担或按标准定额补助的事项，暂按现行政策执行。②

三是基本公共就业服务、医疗救助、困难群众救助、残疾人服务、城乡保障性安居工程5个事项，中央分担比例主要依据地方财力状况、保障对象数量等因素确定。

《共同事权改革方案》还对省以下地方承担的基本公共服务领域共同财政事权的支出责任划分作出了原则性规定，"加强省级统筹，适当增加和上移省级支出责任。县级政府要将自有财力和上级转移支付优先用于基本公共服务，承担提供基本公共服务的组织落实责任；上级政府要通过调整收入划分、加大转移支付力度，增强县级政府基本公共服务保障能力。"此外，《共同事权改革方案》还强化了中央的监督检查和绩效管理的责任。

应该说，鉴于我国地区间财力的巨大差异，央地本次共同事权支出责

---

① 《共同事权改革方案》规定，"第一档包括内蒙古、广西、重庆、四川、贵州、云南、西藏、陕西、甘肃、青海、宁夏、新疆12个省（区、市），中央分担80%；第二档包括河北、山西、吉林、黑龙江、安徽、江西、河南、湖北、湖南、海南10个省，中央分担60%；第三档包括辽宁、福建、山东3个省，中央分担50%；第四档包括天津、江苏、浙江、广东4个省（市）和大连、宁波、厦门、青岛、深圳5个计划单列市，中央分担30%；第五档包括北京、上海2个直辖市，中央分担10%。按照保持现有中央与地方财力格局总体稳定的原则，上述分担比例调整涉及的中央与地方支出基数划转，按预算管理有关规定办理。"

② 根据《共同事权改革方案》的规定，具体如下："义务教育公用经费保障，中央与地方按比例分担支出责任，第一档为8∶2，第二档为6∶4，其他为5∶5。家庭经济困难学生生活补助，中央与地方按比例分担支出责任，各地区均为5∶5，对人口较少民族寄宿生增加安排生活补助所需经费，由中央财政承担。城乡居民基本养老保险补助，中央确定的基础养老金标准部分，中央与地方按比例分担支出责任，中央对第一档和第二档承担全部支出责任，其他为5∶5。免费提供教科书，免费提供国家规定课程教科书和免费为小学一年级新生提供正版学生字典所需经费，由中央财政承担；免费提供地方课程教科书所需经费，由地方财政承担。贫困地区学生营养膳食补助，国家试点所需经费，由中央财政承担；地方试点所需经费，由地方财政统筹安排，中央财政给予生均定额奖补。受灾人员救助，对遭受重特大自然灾害的省份，中央财政按规定的补助标准给予适当补助，灾害救助所需其余资金由地方财政承担。"

任划分采取差别化分担的方式,是基于其实践理性的合理性。从上述具体分担共同事权的支出责任种类及形式来看,考虑的主要因素是地方的财力现状,中央基于地方的财力差距而采取不同的分担比重,但是对有些事项,基于其性质而要求中央相对于地方承担更多责任的因素考虑不多。例如,城乡居民基本医疗保险补助确定为央地共同事权,但鉴于基本医疗保险作为公民基本人权而必须均衡分享的基本公共服务的本质属性,中央理应在全国范围内承担保障基本均衡的供给责任,其财政分担比例应该不低于50%,不宜将较大比例的支出责任分给地方政府。目前共同事权实行分档分类的差别化分担支出责任的方式还是显得过于繁杂、细碎,有些分档分担的差距也过大,尚有待随着经济社会发展和相关领域管理体制的改革,对基本公共服务领域共同财政事权范围进行及时调整,并随着改革经验的积累而适当简化基本公共服务领域共同财政事权支出责任的分担方式,并使其逐步规范化。

(四)慎重对待委托事务及其财政责任

在央地专属事权、自主事权、共同事权明细划分的框架里,还存在中央与高层级政府将自己分内的专属事务委托给下级政府的情形。这种委托事务与法律授权事务在性质上有根本区别。首先,法律授权事务的依据是组织法之外的其他法律、法规,而委托事务是基于中央和上级政府对下级政府的行政领导权;其次,授权事务因为有法律、法规上的明确授权依据,也就成为被授权政府的法定职权责任,其财政上的支出责任也归属该级政府,而委托事务只是上级政府将某项事务的一部分委托给下级政府行使,其行政责任和财政上的支出责任还是在上级政府,只是中央和上级政府必须通过转移支付的方式将实施该事务的财力转移给下级政府。

中央和上级政府对待委托事务应慎之又慎,尽量减小委托事务的范围。对法律、法规赋予的专属事务,一般应由该级政府设立的垂直管理机构负责实施,不要随意委托下级政府行使。在世界上,我们从单一制国家的发展趋势来看,如法国、日本等国家,它们原来组织法中有关委托事务的内容,逐渐被废止。但在我国,长期以来,中央和上级政府习惯于将下级政府仅仅当作自己的派出执行机关，而忽视地方政府作为地方各级人民代表大会的执行机关的法定地位，将具体贯彻落实的职责委托给下级政府，从而使基层政府有沉重的财政包袱，基层政府苦不堪言，又无法推辞。

鉴于这种局面，党的十八届三中全会在《中共中央关于全面深化改革若干重大问题的决定》中明确规定，中央可通过安排转移支付将部分事权支出责任委托地方承担。一方面中央可以将部分事权的执行权委托给下级政府，另一方面，强调中央对委托事务承担财政责任，需要通过转移支付的方式下移相应财力。同时，文件强调只能委托部分事权的支出责任，就有对委托事务务必慎重、范围有限的意涵。例如，国防事务是中央的专属事务，但在征兵、烈属抚恤等环节，需要地方政府配合，由此，出于节约行政成本的考虑，中央将这些辅助性事务委托地方政府。下级政府给中央办了事情，固然是出于组织法所规定的"地方政府的协助义务"，但由此带来的行政成本，还是应由委托政府承担，来体现权责对称的原则。《国务院关于推进中央与地方财政事权和支出责任划分改革的指导意见》对此作出了专门规定，"中央的财政事权确需委托地方行使的，报经党中央、国务院批准后，由有关职能部门委托地方行使，并制定相应的法律法规予以明确。对中央委托地方行使的财政事权，受委托地方在委托范围内，以委托单位的名义行使职权，承担相应的法律责任，并接受委托单位的监督"。

总之，我国央地权责纵向划分，任重道远，需要贯彻法治思维和法治方式。我国中央与地方事权与支出责任的划分，在稳妥推进、规范配置的过程中，对行之有效的实践成果，要及时修订相关法律、法规，体现法律的规范内容，并在时机成熟时，制定中央与地方财政收支划分基本法。

二、政府间事权与支出责任划分的组织、程序保障和动态调整机制

（一）完善政府间事权与支出责任划分的组织机构和程序方法

1. 政府间事权与支出责任划分组织机构之改进

我国宪法第八十九条第三款规定："规定各部和各委员会的任务和职

责,统一领导各部和各委员会的工作,并且领导不属于各部和各委员会的全国性的行政工作。"第四款规定:"统一领导全国地方各级国家行政机关的工作,规定中央和省、自治区、直辖市的国家行政机关的职权的具体划分。"国务院规定了中央和省、自治区、直辖市的国家行政机关的职权的具体划分,也就意味着变更和调整了中央和省、自治区、直辖市的国家行政机关职权的权力,由此可见,国务院即中央人民政府是划分我国政府间事权与支出责任的决定机关。2016年8月16日国务院发布的《关于推进中央与地方财政事权和支出责任划分改革的指导意见》中,明确规定,"坚持财政事权由中央决定","在完善中央决策、地方执行的机制基础上,明确中央在财政事权确认和划分上的决定权"。这与宪法关于国务院职权的规定是吻合的。

由国务院决定政府间事权和支出责任的划分,国务院势必设立或指定某一部门作为具体行使该职能的工作机构。在《国务院关于推进中央与地方财政事权和支出责任划分改革的指导意见》的文件中,明确规定,"财政部、中央编办等有关部门主要负责组织、协调、指导、督促推进中央与地方财政事权和支出责任划分改革工作"。各职能部门要落实部门主体责任,根据指导意见,在广泛征求有关部门和地方意见的基础上,研究提出本部门所涉及的基本公共服务领域改革具体实施的方案,按程序报请党中央、国务院批准后实施。

笔者曾于2016年年初,应邀参加财政部举行的有关中央与地方之间事权和支出责任划分的专家研讨会,据主持者的报告,中央原来是打算将有关央地事权和支出责任划分的组织、调研、起草等具体工作交由中央编办办理,后来考虑到工作难度之大才转交给财政部。所以后来在《国务院关于推进中央与地方财政事权和支出责任划分改革的指导意见》的正式文件中,在事权的前面加上了"财政"两字,主题就变成了"中央与地方财政事权和支出责任划分改革"。笔者体会,将事权划分改成财政事权划分,是缩小了事权的范围,财政事权是"一级政府应承担的运用财政资金提供基本公共服务的任务和职责",而现行政府的事权还包括经济发展、城乡建设、基础设施建设、国有资产、国有资源管理等有关经济、社会方面的事务，这样简单化处理后，显然是为了降低中央与地方之间事权和支出责任划分的工作难度，先易后难，逐步推进。

中央机构编制委员会是属于党中央的部门机构，负责全国机构改革和机构编制管理工作。中央编委的具体职能：研究拟订机构改革和行政管理体制改革的总体方案，经党中央、国务院批准后组织实施；审核党中央、国务院各部门和省级机构改革方案，按程序报党中央、国务院批准；指导地方各级机构改革和行政管理体制改革工作；管理党中央各部门、国务院各部门的职能配置及调整工作，协调各部门之间、各部门与地方之间的职责分工；审核党中央、国务院机关的机构设置方案并按程序报批等。中央机构编制委员会办公室（简称中央编办）是中央机构编制委员会的常设办事机构，在中央机构编制委员会领导下负责全国行政管理体制和机构改革以及机构编制的日常管理工作，既是党中央的机构，又是国务院的机构。笔者认为，在现行党政一体体制下，基于中央机构编制委员会组成人员高规格的权威性和职能覆盖的广泛性，中央机构编制委员会更适合作为中央与地方事权和支出责任划分的负责机关，应由其常设机构中央编办作为具体办公机构。

根据宪法规定，国务院有权作出央地政府间事权和支出责任划分的改革决定，在经过实践检验、经验成熟的时候，需要及时提请全国人民代表大会立法。《国务院组织法》第八条规定："国务院各部、各委员会的设立、撤销或者合并，经总理提出，由全国人民代表大会决定；在全国人民代表大会闭会期间，由全国人民代表大会常务委员会决定。"可见，当国务院设立新的管理部门，或撤销、合并原有部门组建新的管理部门的时候，是需要报全国人大批准的。自然，国务院在决定中央与省级行政机关的事权划分时，势必涉及中央原有组成部门职责权限的变更。如果是将某一项事务上收为中央主管事务，这就需要设立新的中央垂直管理部门。反之，如果是将某一项事务下放给地方，就涉及原有中央部门的撤销、合并或者职责权限和工作方式的变更，这都需要报请全国人大决定。只是，根据《国务院组织法》第十一条的规定:"国务院可以根据工作需要和精简的原则,设立若干直属机构主管各项专门业务,设立若干办事机构协助总理办理专门事项。"根据这一规定,如果国务院新设立的是直属直管机构或撤销、合并的旧机构属于直属机构,就可以直接决定,不需要报全国人大批准。这是因为直属机构的法律地位低于国家部委,不属于国务院组成部门。

既然宪法和组织法规定,国务院各部、各委员会的设立、撤销或者合并,经总理提出,由全国人民代表大会决定,这就意味着,作为国家最高权力机关的全国人民代表大会对中央与地方事权和支出责任划分拥有最终的决定权。国务院在央地政府间事权和支出责任划分实践经验成熟的时候,需要及时提请全国人民代表大会以法律的形式确定下来。鉴于中央与地方事权和支出责任划分涉及面广和在国家政治生活中的重要性,需要构建地方有效参与的民主平台和协商渠道,笔者认为,随着我国法治建设的全面推进,有必要在全国人大内设中央与地方关系委员会之类的专门委员会,或在全国人大常委会内设类似机构,专职负责中央与地方事权和支出责任划分的研究和审议事宜。

与此同时,还要明确省级政府以下的事权和支出责任划分的决定权及其办事机构。宪法第一百零八条规定:"县级以上的地方各级人民政府领导所属各工作部门和下级人民政府的工作,有权改变或者撤销所属各工作部门和下级人民政府的不适当的决定。"《地方各级人民代表大会和地方各级人民政府组织法》第六十四条规定:"地方各级人民政府根据工作需要和精干的原则,设立必要的工作部门。""省、自治区、直辖市的人民政府的厅、局、委员会等工作部门的设立、增加、减少或者合并,由本级人民政府报请国务院批准,并报本级人民代表大会常务委员会备案。自治州、县、自治县、市、市辖区的人民政府的局、科等工作部门的设立、增加、减少或者合并,由本级人民政府报请上一级人民政府批准,并报本级人民代表大会常务委员会备案。"由此可见,省级政府部门设立、撤并的决定权也属于国务院,省级政府则只能提出设置的意见和草案,待国务院批准后，并报本级人民代表大会常务委员会备案。这样的职权规定基本吻合国务院的宪法定性，根据宪法规定，国务院作为最高国家行政机关，统一领导全国行政工作，地方各级行政机关都要服从国务院领导。同理，地、县级政府本身也无权决定其事权的调整及职能部门的增设或撤并，应由省级政府决定。由此，省级政府在决定省以下事权和支出责任划分时，也需要确定其财政职能部门或省编办作为具体事务的调研、起草、讨论的机构。

2. 完善政府间事权与支出责任划分的程序方法

宪法和组织法规定，国务院负责规定中央和省、自治区、直辖市的国家行政机关的职权的具体划分，根据《国务院工作规则》第十八条规定，其具体工作流程：各部门首先要深入调查研究，并经专家或研究、咨询机构等进行必要性、可行性和合法性论证；然后听取地方政府意见，与地方政府充分协商，取得地方政府的理解和支持；最后，形成文件草案，报中央编办进行"三定"审批，再报国务院批准。

1993年的分税制改革，是中央与地方商量办事的一个成功案例。当时中央为了扭转两个财政比重过低的被动局面，提出了旨在上收财权、充实中央财力的改革设想，但这与原来的财政包干制显然存在利益冲突，严重触及了经济发展较快地区的既得利益，因此，对分税制改革或明或暗的阻力就非常大。于是，当时的国务院领导带领国务院相关部门的领导成员，分赴各地调研，认真听取各地的意见，细致了解各个地方不同的实际情况和困难，不打压，不武断，让各个地方真正畅所欲言。同时，中央也向各地分析了中央面临的客观困难，讲解市场经济背景下分税制改革的政治意义和现实紧迫感，并承诺以税收返还的形式适当照顾地方的既得利益，这样，终于获得了各个地方尤其是发达地区的普遍认同，使得分税制改革得以顺利推行，为我国市场化改革的全面推进打下了坚实的财政基础，也为中央灵活运用财税作为宏观调控手段打下了良好的制度基础。[①]

随着经济发展，区域间互动频繁，需要中央就跨区域事务做统筹规划

---

① 刘仲藜. 1994年财税体制改革回顾评论[J]. 百年潮，2009（04）：42.

处理，致使传统意义上的中央与地方权限的划分，增加了新的变量，增添了问题的复杂性。在实体性的权限划分标准之外，还可以在权限划分程序方面进行设计，以补实体标准之不足。当中央以法律决定某一事务的权限归属时，尤其是某些新生事物，应该建立有地方参与的机制和程序，由中央与地方在协商沟通的基础上取得基本上一致的意见。中国共产党在党内协商和人民民主协商方面积累了丰富的经验，完全具有使之进一步规范化、制度化、程式化的可能。

目前，协商民主正成为社会各界普遍关注的焦点。在西方国家，协商民主是作为选举民主的补强形态提出来的，因为选举民主关注的焦点是选谁做代表来进行公共决策和管理，但代表和领导者选出以后，广大人民群众就游离于民主之外了，协商民主的提出，最初是为了解决投票民主的这一不足。① 在协商民主的模型中，哈贝马斯（Habermas）以协商民主为核心的宪法爱国主义的解决方案尤其引人注目。他认为，必须把民主过程植根于一种宪法爱国主义之中，合法的政治法律秩序都必须以自由平等为基础展开。② 我国引进这一概念后，赋予了协商民主崭新的内涵和意义。人们一般认为，协商民主包含了一系列基本要素和流程：协商参与者、偏好及其转换、讨论与协商、公共利益、共识。在这些要素和流程中，尤其强调公开讨论的重要性，要求每个参与者都能够自由表达自己的观点，同时又愿意考虑相反的观点，通过协商和沟通，使各自的偏好发生转移或改变，最终形成共识，实现公共利益的最大追求。因此，充分运用协商民主的形式，妥当处理中央与地方的事权和支出责任划分，建构中央与地方的良性互动关系是我国央地关系法治化的正确方向。③

首先，在中央与地方事权和支出责任划分方面，要善于听取不同职能部门的意见。我国虽经多次政府机构改革，但迄今部门之间职责交叉的现

---

① 陈家刚. 协商民主：概念、要素与价值 [J]. 中共天津市委党校学报，2005（03）：54-60.
② 高建，佟德志. 协商民主 [M]. 天津：天津人民出版社，2010：132.
③ 吕成. 协商民主——我国中央与地方关系重构的路径选择 [J]. 河南大学学报（社会科学版），2008（03）：134-140.

象还不同程度地存在，大部制改革的任务还有待进一步推进。在这种背景下，在讨论央地之间职责权限的调整时，首先就面临一个中央内部各部门形成共识的难题。这就要求组织和协调部门及领导者要中立地看待各种意见，结合目的性与合规律性进行综合衡量，形成中央初步的工作思路。

其次，中央在形成政府间事权和支出责任划分时，要在对现实困难和挑战切实把握的基础上，邀请相关领域专家、咨询机构等深入会诊，进行必要性、可行性和合法性论证，形成主见。在专家和咨询机构的选择方面，既要听取相同、相近意见，增强改革的信心，又要邀请持不同观点者，听得进相逆的意见。古人云，兼听则明，偏听则暗，决策机关正确决策的前提就在于愿意兼听、学会兼听，只有在对事务正反两方面的效果都有充分的预估的情况下，才能有所取舍，作出中正、可行的决议。

再次，在央地职责划分方面最为关键的是，中央要与利益的直接相对方——地方政府进行充分的沟通和协商。我们知道，在既有的中央决策、地方执行的体制下，中央的决策能贯彻落实下去，很大程度上取决于在决策的过程中地方的意见和利益得到了真正的尊重。因此，听取地方政府意见，与地方政府充分协商，取得地方政府的理解和支持，就成为一项具有高度政治智慧的中国特色的决策艺术。一方面，中央必须明确地方的正当利益，要在地方众多的利益诉求中分辨何种利益是正当的，并给以照顾和保障，这对中央决策层就是一个很大的现实考验；另一方面，中央要对地方进行有效的激励机制，形成激励相容，要让地方在服从中央决策的同时，不只是顾及眼前利益的损失，还能感受到改革后更大的地方发展空间，从而增强地方与中央保持高度一致的自觉性。

最后，中央组织、协调部门要及时形成文件草案，报中央编办进行"三定"审批，再报国务院批准。如果央地职能调整涉及国务院各部、各委员会的增设、撤销或者合并，则必须经总理提出，及时提请全国人民代表大会决定，在全国人民代表大会闭会期间，提请全国人民代表大会常务委员会决定。

总之，中央与地方事权和支出责任划分遵循公开、公平、公正的原则是达成结果公平合理的重要保障。诚如学者所主张的,要改变"重结果、轻过程"的倾向,我们应从关心权责划分的具体结果,转移到关心遵循何种方式来达成这种结果。①

(二)建构事权和支出责任划分的动态调整机制

2016年国务院发布的《关于推进中央与地方财政事权和支出责任划分改革的指导意见》中,明确提出,"财政事权划分要根据客观条件变化进行动态调整",并决定"建立财政事权划分动态调整机制"。有学者据此指出,当前应赋予地方政府充分的自主权,并根据公共风险的变化,建立中央与地方财政事权划分动态调整机制。② 从功能来看,动态调整机制能适时完善已有事权不合理、不规范的划分方案,并对新增事权及尚未明确划分的事权作出优化处理,从而使事权划分改革沿着成熟一项、划分一项、固定一项的路径循序渐进。

事权和支出责任划分动态调整机制深嵌于我国经济、政治、文化、社会、生态等领域全面深化改革的时代背景之中,因此,要发扬民主协商精神,贯彻实用理性,体现公平和效率,兼顾地方利益信赖保护原则。法定主体通过授权、撤回、改变、撤销、废止、确认无效、委托等多种方式实现对事权和支出责任的及时调整,不断提升我国纵向事权配置的规范化水平。③

事权和支出责任划分动态调整的内容如下:

第一,将原来属于地方的事权上划为中央的事权,如《指导意见》所指出:"在条件成熟时,将全国范围内环境质量监测和对全国生态具有基础型、战略性作用的生态环境保护等基本公共服务,逐步上划为中央的财政事权。"

---

① 宣晓伟. 推进中央和地方事权划分的法治化[J]. 中国党政干部论坛,2015(10):15-20.
② 刘尚希,石英华,武靖州. 公共风险视角下中央与地方财政事权划分研究[J]. 改革,2018(08):15-24.
③ 吴园林,赵福昌. 我国央地财政事权划分动态调整机制研究[J]. 财政科学,2021(11):68-79,156.

第二，对新增事权酌情划分，《指导意见》规定："对新增及尚未明确划分的基本公共服务，要根据社会主义市场经济体制改革进展、经济社会发展需求以及各级政府财力增长情况，将应由市场或社会承担的事务交由市场主体或社会力量承担，将应由政府提供的基本公共服务统筹研究划分为中央财政事权、地方财政事权或中央与地方共同财政事权。"

第三，在条件成熟时，对尚未划分的事权确定归属。近年来主要涉及政府间基本公共服务的财政事权调整，还有很多经济、社会监管领域的事权有待规范配置，这说明未来动态调整的任务还很艰巨。

第四，基于形势变化，将原来属于中央的事权下划给地方政府。这一项要慎重处理，因为，在现实的事权调节过程中，中央政府与省级政府居于绝对主导地位，基层政府的参与度很低，甚至根本没有参与到事权调整的决策过程中来。[①] 以往上级政府总是倾向于把事权和支出责任下压，而基层政府只能被动接受，这不利于充分发挥基层政府的主动性、积极性。

第五，央地事权划分格局不动，但根据形势的变化，调整央地支出责任比例。这将成为今后一段时间央地动态调整的主要内容，其实质是针对共同事权进一步分清政府间职责权限。

三、改进政府间事权与支出责任划分的纠纷解决机制

（一）政府间事权与支出责任划分争议解决机制的种类内容

世界范围内政府间事权与支出责任划分的争议解决方式主要有三种：行政裁定、司法裁定和机关诉讼。

第一，行政裁定。行政裁定指由法定的有权行政主体（一般是最高国家行政机关或共同的上级机关）对政府间的职责权限争议按照事先规定的原则、规则进行裁处，这是一种依赖于裁定机关本身固有的行政权威直接解决权限争议的方式，是一种解决纠纷快速有效的方式，但如果程序公平

---

① 欧阳天健. 法治视阈下的财政事权动态调整机制研究［J］. 经济法学评论，2017，17（02）：3-18.

性、透明性不足,其裁定难免有武断之嫌。《国务院关于推进中央与地方财政事权和支出责任划分改革的指导意见》中,明确了政府间财政事权划分争议的行政处理权限:"中央与地方财政事权划分争议由中央裁定,已明确属于省以下的财政事权划分争议由省级政府裁定。"

第二,司法裁定。司法裁定是在民众个体(包括民众团体组织)提起民事或行政诉讼的过程中,法院裁定涉案的某一法律或其中的某一条款无效,从而间接解决政府间权限争议。例如,在美国联邦扩权的过程中,通过"航运垄断案"等案件的判决,联邦政府逐渐获得了对"州际贸易事项"进行管辖的绝对权力。在该案中,联邦最高法院并不直接面对联邦和州政府之间的权限矛盾,而是通过吉本斯个人的上诉,裁定纽约州的相关法律规定因违反联邦宪法中的"州际贸易条款"而无效,间接表明了涉及纽约河段航运权的州际贸易调控属于联邦政府的管辖权限,从而区分了联邦和州的事权范围。[①]当然,司法裁定在政府间权限争议中发挥作用的一个重要前提是,法院在国家体制中具有高度独立性和权威性,有权直接或附带对法律、法规、政策及其他规范性文件进行合宪性审查和合法性审查。

第三,机关诉讼。机关诉讼是指关于国家或公共团体的机关相互之间就机关权限存在争议而进行的诉讼。它是世界上不少国家专门用来解决行政权限争议的一种行政诉讼类型。日本是机关诉讼较为发达和完善的国家,日本《行政案件诉讼法》将机关诉讼规定为行政诉讼类型之一,其法律承认的机关诉讼主要有两种情况:一为职务执行命令诉讼,即在普通地方公共团体的长官不执行国家机关委任事务的情况下,主务大臣向高等法院提起诉讼获得其判决支持,代为执行并且罢免该长官的制度。二为自治机关诉讼,因地方议会和地方公共团体首长的纠纷而提起的行政诉讼,在日本《地方自治法》中承认了行政首长方面对条例的制定、改废、关于预算的议会决议、关于选举的再议、再选举的要求权,并规定了当议会方面

[①] 张千帆. 美国联邦宪法[M]. 北京:法律出版社,2011:103-108.

不同意这些要求时,向自治大臣的审查请求,议会或者首长对审查的裁定不服时享有起诉权。① 同时,日本也明文规定了机关诉讼的排除范围,"下级行政厅由于上级行政厅权限的行使,下级行政厅的权限被侵害,不允许提起诉讼"②。

在德国,行政法并未明文规定机关诉讼,但二战后,通过"法的续造",德国行政诉讼事项已扩及一切公法上的争议,包括机关诉讼,但必须满足一定的实质条件。③ 德国学者一般认为机关诉讼是将具有政治争议的事件予以法律化,本质上具有客观确认法律秩序的功能。机关诉讼的许可,基本上是"法政策上的需要"。将机关权限的政治争议法律化,可以使此类问题通过法律逻辑的论证,获得更明确的结论,而不是仅求政治上的妥协。

然而,即使在日本,机关之间的权限争议或异议,原则上也由上级机关裁定,或由特别机关予以调停,或依诉讼以外的方法加以解决,如当有将该争议诉诸法院判断的特别情形时,法院才例外地承认机关诉讼。正如日本学者所言:"行政机关的权限争议原则上应当通过行政体内部机制解决"④ "必须有法律明文规定的前提下,为了维持客观的法秩序或者保护公共的利益"⑤ 时方确认机关诉讼。

(二) 我国政府间事权与支出责任划分争议解决机制之完善

1. 改进政府间权限争议行政裁定的机制和程序

在我国,政府之间权限争议解决的主要方式是行政裁定。在既有的宪法体制下,既然宪法将中央与地方政府之间职权划分的权力赋予了国务院,那么由中央政府来裁决政府间的权限争议自然也具有了合法性。由于行政裁定尚缺乏必要的法定程序,加之,既有的组织法律、法规关于政府间职责权限的划分本来就是粗线条的原则性勾勒,不科学、不规范、不稳

---

① 蔡志方. 行政救济法新论 [M]. 台北:元照出版公司,1997:429-436.
② 胡建淼. 比较行政法:20国行政法评述 [M]. 北京:法律出版社,1998:372.
③ 胡芬. 行政诉讼法 [M]. 莫光华,译. 北京:法律出版社,2003:367.
④ 室井力. 日本现代行政法 [M]. 吴微,等译. 北京:中国政法大学出版社,1995:236.
⑤ 盐野宏. 行政法 [M]. 杨建顺,译. 北京:法律出版社,1998:541.

定的弊端多有所见,因此,中央政府的这一职权很难具体运作,在实践中往往流于形式。

当务之急,我们应对行政裁定的组织机制和程序方法予以全面改善。在裁定机关方面,根据2015年新修订的立法法的有关规定,国务院是解决行政系统内部中央与地方政府之间权限争议的法定机关,如果争议涉及宪法、全国人大的法律和地方人大的法规,则必须由国务院提交全国人民代表大会常务委员会裁决。根据2016年8月16日国务院发布的《关于推进中央与地方财政事权和支出责任划分改革的指导意见》,已明确属于省以下的财政事权划分争议由省级政府裁定。国务院和省级政府在裁定有关权限争议时,应指定法制办或编制办作为专门承办机构,配备专职人员处理受理、调查取证、辩论、作出初步处理意见等相关事务,在规定时限内提交国务院或省级政府作出正式决定。国务院和省级政府应在法定时限内作出裁定,及时有效地解决争议。

2. 充分发挥行政复议对涉案行政决定一并审查的权限争议解决功能

与由权限争议的行政机关作为提起主体不同,我国《行政复议法》规定,公民、法人或者其他组织认为行政机关的具体行政行为所依据的国务院部门规定或地方政府及其工作部门的规定不合法,在对具体行政行为申请行政复议时,可以一并向行政复议机关提出对该规定的审查申请;行政复议机关对该规定有权处理的,应当在三十日内依法处理;无权处理的,应当在七日内按照法定程序转送有权处理的行政机关依法处理,有权处理的行政机关应当在六十日内依法处理。行政复议机关作为上级行政机关,甚至是中央政府,在按照这种方式处理行政决定时,很大程度上涉及政府间职责权限争议的处理,这也是一种有正当法律依据的解决政府间权限争议的行政裁决的有效方式。

3. 有效利用行政诉讼中的附带审查机制

鉴于我国正处于全面深化改革的过程之中,一方面,中央与地方的事权和支出责任划分亟待在与市场、社会划清权利边界的基础上全面调整,既有行政组织法律规范尚需通过政治程序修订;另一方面,法院的角色和功能也正处于调整改革之中，司法的权威和公信力尚有待提升，因此，遵循司法对政治性事务的谦抑原则和政治成熟原则①，在我国引入机关诉讼来解决政府间的权限争议，尤其是中央与地方的权限争议，现实性还不是很强。

我国行政诉讼虽尚难以引入机关诉讼形式，然而，司法调节这种间接方式，可与中国现有以行政调节为主的直接方式较好地结合，发挥补充的作用。一方面，司法调节是间接的，它的初衷不是直指政府的权威，而是对涉案法律具体条款的附带审查，因此，它发挥作用的方式与行政裁定是不同的，虽难以完全取代行政裁定的功能，但也不会对现有体制造成很大的冲击；另一方面，在司法案例中的附带审查，通常依据的是宪法中的基本权利条款或宪法中政府机构的授权条款或法律中一般性权利规定，通过对规范性文件和政府政策性规定实施合宪性、合法性审查，可以对相关政府行为进行较有效的约束和规范。因此，在中央和地方责权划分中引入司法调节，具有现实基础与可操作性，是各级政府事权规范化和法律化的有效途径。②

2014年我国新修订的《行政诉讼法》第五十三条规定："公民、法人或者其他组织认为行政行为所依据的国务院部门和地方人民政府及其部门制定的规范性文件（不含规章）不合法，在对行政行为提起诉讼时，可以一并请求对该规范性文件进行审查。"第六十四条规定："人民法院在审理行政案件中，经审查认为本法第五十三条规定的规范性文件不合法的，不作为认定行政行为合法的依据，并向制定机关提出处理建议。"这正式确认了人民法院对国务院部门和地方人民政府及其部门制定的规范性文件（不含规章）的附带审查权。我们知道，这些国务院部门和地方人民政府及其部门制定的规范性文件很可能包含了政府间职责权限的内容，如果法院认为该规范性文件不合法，虽然不能直接撤销，但不作为认定行政行为

---

① 陈云生. 论司法谦抑及其在美国司法审查制度中的实践 [J]. 上海交通大学学报（哲学社会科学版），2005（05）：18-22.
② 宣晓伟. 推进中央和地方事权划分的法治化 [J]. 中国党政干部论坛，2015（10）：15-20.

合法的依据，这在很大程度上就意味着行政机关将因没有合法的行为依据而败诉。同时，对该违法的规范性文件，法院得及时向制定机关提出司法建议，要求制定机关修改或撤销违法的规范性文件。这等于法院作为中立的第三方间接调整了政府间职责权限，在救济相对人的合法权益的同时，理顺了政府间职责权限关系。

4. 充分运用合宪性审查机制解决政府间权限冲突

今后，随着央地权限划分的规范化、法定化，中央与地方的权限争议也必须运用合宪性审查机制进行事前的法律草案合宪审查和事后的备案审查。学界已经有很多这方面的讨论①，只待决策部门当机立断，改进机制程序。笔者在衡量各方主张的基础上认为，在我国人民代表大会制度的基本政治架构内，一方面，通过司法改革，在强化法院的独立性和权威性的基础上应赋予法院裁处法规以下规则冲突的职能；另一方面，可以考虑在全国人大内部设立专门机构，负责裁处法律与宪法以及法规、规章等其他规范性文件与法律的权限冲突。

总之，我国政府间事权和支出责任划分改革，亟须以法治思维运用法治方式积极、稳妥推进。其中的关键基点在于，在尊重中央统一意志和权威的前提下，充分承认并保障地方政权组织作为公法人的主体资格，从而促使央地权责纵向配置在平等法律主体之间以民主协商的方式既体现公平，又顾及效率。随着改革经验的成熟，有必要及时制定中央与地方关系基本法、政府间财政关系基本法等法律，并修订宪法、中央与地方各级政权组织的组织法，使中央与地方各级政权组织的职责权限以法律的形式明确规范下来，实现我国纵向权力配置的法治化。

---

① 参见杨利敏. 关于联邦制分权结构的比较研究 [J]. 北大法律评论，2002（00）：24-68；郭殊. 中央与地方关系的司法调控研究 [M]. 北京：北京师范大学出版社出版，2010：146-153；张千帆. 国家主权与地方自治——中央与地方关系的法治化 [M]. 北京：中国民主法制出版社，2012：361-368.

第六章

充实地方税权、优化地方税制以提高地方自有财力的法治进路

在我国法治国家建设进程的央地关系中,长期以来,地方财力相对不足直接制约地方政府履行公共职能的能力,并影响各地人民分享基本公共品的公平性。这与我国分税体制下地方税权严重不足、地方税制存在缺陷息息相关。鉴于此,有必要进一步充实地方税权、优化地方税制,大幅提高地方政府的自有财力,实现"建立权责清晰、财力协调、区域均衡的中央和地方财政制度"的法治国家目标。

一、我国地方税制现状分析

(一)我国地方税制体系的特征

1. 我国地方税的法律体系框架

作为我国市场经济体制条件下税收法治建设的一个重要里程碑,我国从1994年1月1日开始全面实施分税体制。分税制是一种新的财政管理体制,分别以中央政府与地方政府履行的公共职能为依据,按照事权与财权、财力相匹配的原则,结合各类税种相应特征,将所有税种划分为中央税、共享税和地方税。将代表宏观调控能力和保障中央财政支出的税种列为中央税,将与整个国民经济发展关联度较高的税种列为共享税,将适合地方征收、管辖的税种列为地方税。依据《国务院关于实行分税制财政管理体制的决定》,现行有效的地方税共包含有8个独立税种,分别是城镇土地使用税、耕地占用税、土地增值税、房产税、车船税、契税、环境保

<<< 第六章　充实地方税权、优化地方税制以提高地方自有财力的法治进路

护税、烟叶税等。①

从党的十八届三中全会首次明确提出"落实税收法定原则"以来,地方税层面先后将烟叶税、环境保护税、耕地占用税、车船税、契税5个税种制定了法律,而城镇土地使用税、土地增值税、房产税尚有待升格为法律。

我国现行地方税法律体系如下表：

表1　我国地方税收法律体系

税种	法律	行政法规	地方性法规	部门规章	地方政府规章
车船税	《车船税法》自2012年1月1日起施行	国务院制定《车船税法实施条例(2019修订)》	尚未制定	财政部、国家税务总局制定《道路机动车辆生产企业及产品》《新能源汽车推广应用推荐车型目录》《享受车船税减免优惠的节约能源使用新能源汽车车型目录》《免征车辆购置税的新能源汽车车型目录》等	19个省级政府制定,其中北京市、天津市、湖北省、湖南省政府制定的规章已失效尚未发布相关规章的省份：上海市、重庆市、宁夏回族自治区、新疆维吾尔自治区、山西省、黑龙江省、江苏省、浙江省、福建省、江西省、广东省、四川省

---

① 《印花税法》已由全国人大常委会于2021年6月通过,除证券交易领域的印花税全部归属中央收入外,其他领域征收的印花税全部归地方,从这个意义上来看,印花税还是应该纳入共享税的范畴。

续表

税种	法律	行政法规	地方性法规	部门规章	地方政府规章
环境保护税	《环境保护税法》自2018年1月1日起施行	国务院制定《环境保护税法实施条例》	共计28个省人大常委会制定。内容为"应税大气污染物和水污染物环境保护税适用税额调整方案"。尚未发布相关法规的省份：上海市、西藏自治区、浙江省	主要涉及各类应税污染物的范围、计税依据、适用税额、纳税申报等内容	尚未制定
烟叶税	《烟叶税法》自2018年7月1日起施行	尚未制定	尚未制定	主要涉及明确计税依据、纳税申报表式样等内容	尚未制定
耕地占用税	《耕地占用税法》自2019年9月1日起施行	尚未制定	共有27个省人大常委会制定。内容为税额适用的事项。尚未发布相关法规的省份：上海市、内蒙古自治区、辽宁省、青海省	对耕地占用税法实施办法进行了具体规定，如《国家税务总局关于耕地占用税征收管理有关事项的公告》（国家税务总局公告2019年第30号）、《财政部、税务总局、自然资源部、农业农村部、生态环境部关于发布〈中华人民共和国耕地占用税法实施办法〉的公告》	现行有效的仅存3个省份，内容关于耕地占用税的具体实施办法

<<< 第六章 充实地方税权、优化地方税制以提高地方自有财力的法治进路

续表

税种	法律	行政法规	地方性法规	部门规章	地方政府规章
契税	《契税法》自2021年9月1日起施行	尚未制定	共有25个省人大常委会制定。内容关于适用税率、减免征收等具体事项 尚未发布地方性法规的省份：上海市、吉林省、福建省、江西省、陕西省、青海省	担当"临时实施办法"的角色。内容主要涉及税务机关的契税征管、纳税服务、新法中税收优惠政策适用与旧法的衔接等事项，如《财政部、税务总局关于契税法实施后有关优惠政策衔接问题的公告》《国家税务总局关于契税纳税服务与征收管理若干事项的公告》《财政部、税务总局关于贯彻实施契税法若干事项执行口径的公告》、财政部《关于印发〈中华人民共和国契税暂行条例细则〉的通知》（已失效）	共有29个省级地方政府制定《实施〈契税暂行条例〉办法》，其中10个省的规章已经失效 尚未发布规章的省份：西藏自治区、海南省
房产税	尚未制定	《房产税暂行条例》2011年修订	尚未制定	财政部、国家税务总局制定内容主要针对特殊行业的税收政策、营改增后计税依据的适用以及相关行业的优惠政策等事项	共有20个省级政府制定《〈房产税暂行条例〉的实施办法》，其中失效的省份：北京市、黑龙江省 尚未发布规章的省份：西藏自治区、宁夏回族自治区、新疆维吾尔自治区、江苏省、浙江省、湖北省、湖南省、海南省、四川省、云南省、青海省

129

续表

税种	法律	行政法规	地方性法规	部门规章	地方政府规章
城镇土地使用税	尚未制定	《城镇土地使用税暂行条例》于1988年7月通过	尚未制定	财政部、国家税务总局制定内容涉及征管、纳税申报、优惠政策等事项	共有29个省级政府制定《〈城镇土地使用税暂行条例〉的实施办法》。其中11个省的规章已经失效。未发布规章的省份：重庆市、西藏自治区
土地增值税	尚未制定	《土地增值税暂行条例》于1993年11月通过	尚未制定	对暂行条例进行补充，如对"企业改制重组中土地增值税政策的适用、房地产企业土地增值税清算等问题"进一步细化	现行有效的省份：贵州省、云南省

2. 我国地方税制体系的特征

（1）地方税法律、法规、规章的体系框架基本形成

自从党的十八届三中全会确立税收法的指导思想以来，随着我国立法法的修改，迄今已有5个地方税种由全国人大常委会制定了法律，它们是车船税法、环境保护法、烟叶税法、耕地占用税法、契税法，其余几个地方税种亦可望在未来几年完成全国人大立法。这是我国税收领域的一件大事，意味着税收的民主性大大加强，税收的公正性深入人心。围绕着税收法定的目标，国务院及其财税主管部门和地方人大与政府根据税收法律的授权，在各自的权限内积极制定配套的行政法规、地方性法规、部门规章和地方性规章。目前，我国已经基本形成以税收法律为统领，以税收法规、规章为补充的地方税法律体系。

（2）地方税种的制度规范由行政主导

我国地方税体系是随着1994年分税制改革而一起建构的，免不了会受

<<< 第六章 充实地方税权、优化地方税制以提高地方自有财力的法治进路

到当时分税制行政主导的影响。不但地方税种的设立都是国务院在全国人大专门授权之下以暂行条例的方式确定的，而且地方税制的具体内容包括税基、税率、税收优惠、税收征管等主要事项也是由国务院及其主管部门决定。与此同时，地方税条例留给地方一定范围的税基、税率选择空间和税收优惠的因地制宜权力，这也是由地方政府以地方规章的形式加以规定的。在新时代以税收法定为主要内容的税制改革中，现在已有12个税种提升为全国人大制定的税收法律，然而，这些税收法律的主要内容基本上是原来税收暂行条例的平移，不但税种名称基本照旧，而且规范内容也少有变更。在地方层面，各地方税种适用税率、税收优惠的自主权，过去由各省级人民政府在条例规定的幅度以内确定，现在改为由同级人民代表大会常务委员会决定，各地的适用税率、税收优惠的草拟权还是由省、自治区和直辖市人民政府在法律规定的范围及幅度以内提出。

（3）地方人大介入税收立法的积极性大幅提高

以前，地方税种倾向于由省级地方政府制定配套性的补充规定，地方人大很少介入税收领域的立法。新时代以来，基于税收法定的内在要求，地方人大及其常委会充分发扬民主，积极参与税法税种的补充性立法工作，目前，环境保护税、耕地占用税、契税等地方税种主要由地方人大常委会及时制定与法律配套的实施性地方法规，保障税法的有效实施。

（4）地方参与地方税立法的范围与空间日益扩大

根据中央关于"立法先行、充分授权"的指导精神，地方人大和政府参与地方税立法的范围与空间日益扩大。以契税为例，契税法与原暂行条例相比，契税采用3%至5%的幅度比例税率没有改变，但过去规定各省、自治区和直辖市的适用税率，由当地省级人民政府在上述规定的幅度以内确定，并报财政部、国家税务总局备案。现在改为各地的适用税率由省、自治区和直辖市人民政府在上述税率幅度以内提出，报同级人民代表大会常务委员会决定，并报全国人民代表大会常务委员会和国务院备案，立法权明显上收，这也是落实税收法定原则的体现。从实际情况看，黑龙江、河南和湖北等8个地区规定的税率比过去有所下降，各地普遍采用了较低

131

的税率,体现了国家减税降费的政策。在31个省、自治区和直辖市中,有27个地区采用了3%的最低税率,其中既有北京、上海、江苏和广东等经济发达地区,也有吉林、江西、广西、贵州和青海等经济欠发达地区。过去不曾开征契税的西藏自治区,如今也根据经济和房地产市场发展的情况开征了此税,并采用了3%的税率。有3个省按照不同征税项目采用了3%、4%两档税率,如河北省规定个人购买自用普通住宅的适用税率是3%,其他项目的适用税率是4%。再如,过去契税的申报和纳税分为两个环节,现在合并为一个环节,即纳税人在申报时纳税,这样做应该有利于提高工作效率。在税收优惠方面,非营利性的学校、医疗机构和社会福利机构承受土地、房屋权属,用于办公、教学、医疗、科学研究、养老和救助的,可以继续免税;个人购买经济适用住房,可以继续在法定税率的基础上减半征税;个人购买家庭唯一住房,面积90平方米以下的,可以继续减按1%的税率征税。这些税收优惠的延续既体现了税制的稳定性,也体现了国家促进教育、医疗、社会福利等事业发展和减税降费、改善民生、稳定房地产市场等政策取向。①

(二)我国地方税制体系的不足之处

1. 地方税通则性规定阙如

我国目前《税收基本法》和《地方税通则》尚付阙如,加之,我国宪法对税收基本事项和央地权力关系没有作出明确界分,这就导致针对央地事权、财权划分及地方税种的开征及调节范围等重大问题尚没有科学、合理的基本法依据,地方税制乃至整个税收法律体系建设都缺乏宪法和基本法律的引导。目前,在我国的地方税体系中,地方税种有8个之多,单纯从数量来看,并不算少,然而,从地方税制结构来看,"营改增"前营业税一税独大,几乎占据地方税收收入的大半部分,当营业税退出历史舞台后,地方缺乏主体税种,各个税种收入能力都较有限,未形成明确的层次性分局和主辅格局,严重缩窄了地方政府自有的稳定财源。并且,现行地

---

① 刘佐. 契税新规实施交易环节的税赋还应该更优化[N]. 南财快评,2021-09-01.

方税各税种大多是在分税制改革前后制定颁行的,已明显滞后于经济社会发展状况,由此,贯彻税收法定原则,就不能仅仅只是原来税收条例的平移,而需要根据经济、社会的发展需要,适时废除旧税种,开征新税种。

2. 地方税收自主权不足

我国是单一制国家,按照立法法和《国务院关于实行分税制财政管理体制的决定》的规定,地方税种的选择权只能由中央规定。然而,地方税种实乃地方财政收入的主要财源,基于我国地区之间经济发展水平的巨大差异,还是应该赋予地方针对地方税种的较大的自主空间,中央立法应该只是框架式立法,以保障各地方因地制宜合法获取财政收入。目前,中央对地方税种的规定还是过于统一细致,地方税种的税基、税率决定权以及税收减免权、税法解释权、税收征管权等都集中在中央,地方尚只有在中央规定范围及幅度内有选择的权限,因地制宜的自主空间还非常有限。这无疑不利于地方充分调动积极性以合法手段获取充足财政收入,去提供高质量的地方性公共服务和产品,相反,却有可能迫使地方打法律和政策的"擦边球"去违法谋取地方利益。

3. 地方税制设计不太合理、欠规范

目前,我国地方税制从整体来看,存在税种多但收入规模小、税源零星分散、征管难度大、税制运行不稳定等问题。第一,财产税不健全,收入比重偏小。根据国外经验,随着经济发展,财产税占地方税收收入的比重会逐步提高,有些国家财产税比重甚至提高到60%以上,从我国财产税现状来看,虽然有房产税、土地增值税、契税、土地使用税、耕地占用税等财产税税种,但流传环节税负重,保有环节基本无税负,而且,税源不稳定、收入额小、弹性很低、征收成本高。第二,具有特定调节功能的地方税种缺乏。随着社会经济发展,许多有助于地方发挥资源配置、维护社会稳定、调节财富分配、保护环境、公平税负的新税收开征滞后,如社会保障税、教育税、遗产赠与税等。这些税种的缺失,直接造成了我国税收体制的不健全和地方税收结构的缺失,也弱化了地方税体系的社会功能,不利于地方税体系的充实和完善。

4. 地方税种收入规模较小、功能弱化

据统计，自2010年以来，随着经济发展，地方税总体绝对规模虽然在不断增长，但是相对规模基本上呈现先上升后下降的趋势，由此可见，伴随"营改增"全面实施和我国目前经济处于新常态阶段，经济速度放缓，地方税收收入的相对比重还在不断下降。与此同时，地方税种对区域经济的调控作用下降，地方税收收入难以支撑地方公共建设需要。

5. 地方税的征管面临新挑战

国地税合并，虽然有利于税政的统一，但也会暴露出地方财政利益及地方经济发展与中央税收管理之间的大量新矛盾。一是地方税税源本来就趋于分散，如果没有各级地方政府的有力配合，税收征管难度大、成本高，征税效率难以提高。二是目前我国地方各税种搭载增值税、消费税等主要税种所采取的"以票控税"或"以票管税"管理模式，这种寄生方式并不契合地方税自身的特点。三是受征管技术和手段的限制，直管的征税机关获取地方税的信息将出现不对称，加之，激励措施不到位，地方税的足额征收面临很大的挑战。

6. 地方收入结构制约地方税制的发展完善

第一，我国的分税制目前基本上限于中央和省级之间，省以下的分税制全国并不统一，而且不稳定、不规范。第二，大部分地方靠地生财，土地出让金规模日益扩张，有些地方甚至超过了税收收入，导致地方靠地方税获取本地财政收入的动力消减，这无疑制约了地方税制的发展完善。

二、改进地方税权的正当根据及其可行方式

（一）改进地方税权的必要性——地方法定税权缺失

学界一般将税权分为税收立法权、税收收益权和税收征管权，相对于程序性的征管权，税收立法权和收益权是关于税收利益的实体性权力，因而在权力的纵向配置中更具有根本性的意义。尽管分税制是与市场经济体制相吻合的各国普遍适用的制度，具有财政规范分权的内在属性，然而，从我国财税制度的整体来看，目前税权的纵向划分则具有明显的中央集权

<<< 第六章 充实地方税权、优化地方税制以提高地方自有财力的法治进路

特征,地方的法定税权颇为欠缺,中央与地方之间权责对称、明晰、协调的局面尚未形成。

1. 税收立法权主要集中在中央

(1) 税种的设定权独属于中央。1993年《国务院关于实行分税制财政管理体制的决定》明文规定:"中央税、共享税以及地方税的立法权都要集中在中央,以保证中央政令统一,维护全国统一市场和企业平等竞争。"2015年修订的立法法第八条第六款明确规定,"税种的设立、税率的确定和税收征收管理等税收基本制度"只能制定法律。根据这项规定,目前所有的税种包括地方税种的设立权都在全国人大和中央行政机关,省级地方政府除曾经拥有对屠宰税、筵席税的开征、停征权外,在税种设立上基本无权。

(2) 地方税法的实施细则的制定权倾向于赋予国务院及其财税主管部门。如根据《契税暂行条例》第十四条的规定,契税的细则制定权授予了财政部。在新契税法中,已经没有了制定实施细则的概括条款,而在第三条、第六条、第七条中分别明确规定了有权制定具体实施办法的主体及其程序。与此同时,在地方税种的法律法规中,授予地方有关税收要素的自主选择权利还较小。

(3) 中央授权地方选择税基的税种还较少,且选择范围过窄。目前,中央对地方税种税基的授权规定,从整体来看,中央授权地方选择税基的税种还较少,且选择范围过窄。8个地方税种中仅有2个地方税种中有明确规定,如表2所示,一是《环境保护税法》第九条第三款规定,"省、自治区、直辖市人民政府根据本地区污染物减排的特殊需要,可以增加同一排放口征收环境保护税的应税污染物项目数,报同级人民代表大会常务委员会决定,并报全国人民代表大会常务委员会和国务院备案"。二是《房产税暂行条例》第三条规定,"房产税依照房产原值一次减除10%至30%后的余值计算缴纳。具体减除幅度,由省、自治区、直辖市人民政府规定"。

(4) 省级地方人大、政府在税收法律、行政法规规定税率幅度内只被

赋予了具体适用税率的较为有限的选择权。例如，2021年9月1日生效的契税法第三条规定："契税税率为百分之三至百分之五。契税的具体适用税率，由省、自治区、直辖市人民政府在前款规定的税率幅度内提出，报同级人民代表大会常务委员会决定，并报全国人民代表大会常务委员会和国务院备案。省、自治区、直辖市可以依照前款规定的程序对不同主体、不同地区、不同类型的住房的权属转移确定差别税率。"原《契税暂行条例》则是授权省、自治区、直辖市人民政府在前款规定的税率幅度内决定本地具体适用税率。对比可知，税收暂行条例升格为法律后，省级地方政府只被赋予了地方税种具体税率的提起权，地方税种具体税率的决定权则被赋予了省级地方人大，地方税种立法的民主性大为加强。同时，省级地方还被赋予了本地差别税率的决定权，地方在选择税率方面的权力有所扩大。相对而言，有些地方税种赋予地方的税率选择权要更大一些，例如，《城镇土地使用税》第五条规定："省、自治区、直辖市人民政府，应当在本条例第四条规定的税额幅度内，根据市政建设状况、经济繁荣程度等条件，确定所辖地区的适用税额幅度。市、县人民政府应当根据实际情况，将本地区土地划分为若干等级，在省、自治区、直辖市人民政府确定的税额幅度内，制定相应的适用税额标准，报省、自治区、直辖市人民政府批准执行。经省、自治区、直辖市人民政府批准，经济落后地区土地使用税的适用税额标准可以适当降低，但降低额不得超过本条例第四条规定最低税额的30%。经济发达地区土地使用税的适用税额标准可以适当提高，但须报经财政部批准。"

（5）在制度层面地方基本上不享有新增税收优惠措施的自主权力。《税收征管法》第三条明文规定："任何机关、单位和个人不得违反法律、行政法规的规定，擅自作出税收开征、停征以及减税、免税、退税、补税和其他同税收法律、行政法规相抵触的决定。"这里所说的任何机关，显然主要指向的就是地方政府。然而，财政部或国家税务总局却被税收法律、行政法规授权规定税收优惠措施，例如，《城镇土地使用税》第六条规定："下列土地免缴土地使用税：（七）由财政部另行规定免税的能源、

<<< 第六章　充实地方税权、优化地方税制以提高地方自有财力的法治进路

交通、水利设施用地和其他用地。"《契税暂行条例》第六条规定："有下列情形之一的，减征或免征契税：（四）财政部规定的其他减征、免征契税的项目。"值得注意的是，新契税法第六条规定："根据国民经济和社会发展的需要，国务院对居民住房需求保障、企业改制重组、灾后重建等情形可以规定免征或者减征契税，报全国人民代表大会常务委员会备案。"[①]其第七条同时规定："前款规定的免征或者减征契税的具体办法，由省、自治区、直辖市人民政府提出，报同级人民代表大会常务委员会决定，并报全国人民代表大会常务委员会和国务院备案。"这说明，法律对地方税优惠措施的规定更为慎重。赋予最高行政机关的地方税优惠措施的决定权要更广泛，更具一般性和普遍性，可以在法律规定的优惠措施之外新增优惠措施。相对而言，赋予地方的优惠措施的决定权尚显有限，且无权增加法律之外的新优惠措施，而只能在法律规定的优惠措施种类的基础上决定具体办法。

在个别税种中，征税机关竟然也被赋予了地方税减免的决定权，例如，《城镇土地使用税》第七条规定："除本条例第六条规定外，纳税人缴纳土地使用税确有困难需要定期减免的，由县以上地方税务机关批准。"

尤其值得注意的是，地方享有的有限税收立法权原来基本上是由政府或政府组成部门在实际行使，地方人大及其常委会基本没有参与。例如，国务院制定的有关城镇土地使用税、城市维护建设税、房产税、车船使用税等税种的暂行条例，均规定由省、自治区、直辖市人民政府制定实施细则，而没有将地方权力机关考虑进来，致使地方有限的税权也失去了当地人民的民主参与和监督。[②] 当然，在新颁行的税收法律中，这

[①] 2021年8月，财政部、税务总局发布《关于契税法实施后有关优惠政策衔接问题的公告》，明确了继续施行、废止、失效的契税优惠政策。根据《公告》，税法实施后，夫妻因离婚分割共同财产发生土地、房屋权属变更的，城镇职工按规定第一次购买公有住房的，已购公有住房经补缴土地出让价款成为完全产权住房的，均可免征契税。

[②] 孙开，彭健. 财政管理体制创新研究［M］. 北京：中国社会科学出版社，2004：167.

137

种情况已经有了改变，地方人大及其常委会参与地方税立法的权力得到了法律认可。

表2 我国地方税法律、行政法规中有关税基、税率和税收优惠的规定情形

税种	关于"税基"设定条款	关于"税率"的设定条款	关于"税收减免"设定条款
车船税	无	《车船税法（2019修正）》第二条	《车船税法（2019修正）》第三条、第四条、第五条
环境保护税	《环境保护税法（2018修正）》第九条第三款	《环境保护税法（2018修正）》第六条	《环境保护税法（2018修正）》第十二条、第十三条
烟叶税	无	《烟叶税法》（对税率有明确规定）第四条	《烟叶税法》无税收减免规定
耕地占用税	无	《耕地占用税法》第四条	《耕地占用税法》第七条；《国务院关于切实做好耕地占用税征收工作的通知》第三条
契税	无	《契税法》第三条	《契税法》第六条、第七条
房产税	《房产税暂行条例（2011修订）》第三条	《房产税暂行条例（2011修订）》（对税率有明确规定）第四条	《房产税暂行条例（2011修订）》第五条、第六条
城镇土地使用税	无	《城镇土地使用税暂行条例（2019修订）》第五条	《城镇土地使用税暂行条例（2019修订）》第六条
土地增值税	无	《土地增值税暂行条例（2011修订）》（对税率有明确规定）第七条	《土地增值税暂行条例（2011修订）》第八条

<<< 第六章 充实地方税权、优化地方税制以提高地方自有财力的法治进路

2. 税收收益分配权也主要由中央掌控

在税收划分权归属上，1994年的分税制改革，虽经中央政府与大部分省级政府协调沟通，却是在国务院主导下推行的。国务院在税种的划分、共享税比例的确定及调整、税收返还及转移支付等方面享有全部决定权。而且，分税制尚停留于中央与省级政府之间，省级以下的改革进展缓慢，在地方的四个层级之间，实际上形成了一地一策、复杂易变的共享和分成①，其中又是省级政府起决定性作用的，越到基层，共享和分成的比例越小。

而且，在分税制的实施过程中，中央可以根据财政形势的需要，通过颁行新的政策调整中央和地方的财政分配关系，税收划分办法更是经常随着税收结构及税收收入的变化而进行动态调整。例如，从1997年1月起，证券交易印花税由原来的中央和地方各占50%，先调整为中央占80%，地方占20%，又调整为中央占88%、地方占12%，再到中央占97%，地方占3%，2016年最终调整为全部归属中央收入。再如，从2002年1月开始，所得税改为共享税，中央和地方五五分成，到了2003年，中央和地方的分成比例又调整为六四分成。②税收收益权的调整过于频繁，直接影响了地方政府稳定预期的财力规模，关乎地方政府的正常运行，但长期以来这种比例的变动以中央政府的政策性文件作为指令，地方缺乏制度性参与的渠道和机制，只能被动接受。正由于政府之间税权的纵向配置缺乏明确的法律规定，使得税权划分的过程带有中央与地方之间非制度性博弈的特征。迄今为止，我国尚缺少统领整个税收体系的税收基本法，分税制财政体制仅在预算法中有原则性规定，这使得我国税收管理体制乃至整个税收体系建设缺乏统一的法制统领框架。③

1994年分税制改革虽然曾一度赋予了地方政府有关地方税的征管权，

---

① 刘汉屏，舒成. 论转型期财政体制的改造与完善 [J]. 当代财经，2004（10）：34-37，46.

② 刘隆亨. 论制定税收基本法的若干重大问题 [J]. 法学家，2004（05）：15-19.

③ 刘剑文，熊伟. 二十年来中国税法学研究的回顾与展望 [M] // 刘剑文. 财税法论丛：第1卷. 北京：法律出版社，2002：67.

但由于在上述税收立法权和税收收益权方面的缺失,使得地方自有财力在整个国家财政收入中所占的比重下降严重,与此同时,地方政府却承担了日益沉重的事权和支出责任。财政部的统计数据显示,从 1993 年直至 2017 年,中央政府在财政收入中的比重从 22% 上升到 47%,但同时地方政府的比重却从 78% 下降到 53%,地方政府的财政支出在总财政支出中的比重基本维持在 70% 以上。中央尽管通过财政转移支付手段部分缓解了地方政府的财力缺口,但还是催生了地方政府大量的法外收费和举债行径,并在税收征管中滥用执法自由裁量权,这带来相当严重的债务风险的同时,也扰乱了正常的财政法制秩序,引起了中央和全社会的高度警觉。诚如学者所言,税收收益和财政转移支付充其量只能是一种利益蛋糕的分配机制,它与税收立法权所蕴含的民主、法治元素,以及所能发挥的激励地方自主创新、尊重地方主体性地位的作用不可同日而语。①

(二) 改进地方税权的现实性分析

1. 关闭后门——国税地税机关合并必将阻却地方政府滥用税政裁量权

2018 年 3 月 13 日第十三届全国人大会议正式通过了将省级及省以下国税部门与地税部门合并的决议,改革方案明确指出,合并之后的税收征管机关将承担辖区内各项税收以及非税收入的征管职能,并实行以国家税务总局领导为主的双重领导体制。国税地税机关合并作为我国在新的历史阶段财税体制改革的一项重要内容,其中一个尤为重要的考虑就是,积极推动破解以往国地税机关分立时存在的税法约束刚性不足的问题,阻却地方政府滥用税政自由裁量权,提高整体税收征管效率。

从历史演进来看,我国 1994 年推行的分税制改革,其直接目的是向中央集中财权、财力,为此而有针对性地设立中央垂直管理的国税部门,以保障中央的财政利益。我国 20 世纪 80 年代改革初期实行的财政包干制,曾有效调动了地方政府、企业以及个人的生产积极性,促成了地方区域经

---

① 苗连营. 税收法定视域中的地方税收立法权 [J]. 中国法学, 2016 (04): 159-178.

济的快速发展。但在这种财政体制下,整个税收征管由地方负责,地方政府滥用税收征管权,截留地区经济发展的成果,从而使得财力过于分散,"两个比重"下降,尤其中央政府财力严重下降极大地制约了中央的宏观调控能力。我国分税制改革的初衷,就是要改变"两个比重"下降所导致的"强地方、弱中央"的财政局面。当时设立中央与地方两套税收征管机构,主要是为了防止地税收入与国税收入之间相互侵蚀挤占,改变中央财政收入过度依赖地方政府的被动局面。1993年的政府工作会议上明确指出,"不将税务部门分设为国税部门与地税部门,属于中央的钱很难上收,分开收税有利于保障中央税收收入"[①]。甚至当时中央也有将地税统一交由国税机关征收的想法,只是考虑到不能过分挫伤地方政府的积极性而保留了地方政府对地税的征管权。[②]

国税与地税机关分设在一定程度上理顺了中央与地方财政收入的关系,但也在实践中暴露出了新的问题,诸如征纳税成本居高不下、税收征管效率整体不高、重复征税,等等。尤其对于国税征管部门来说,地税征管部门税法约束度和税收征管效率都较低。其主要原因在于,地税部门主要接受地方政府领导,其税收征管行为在很大程度受本级地方政府支配,这直接制约地方税的税收征管效率。长期以来,国家赋予了地方政府在经济、社会发展方面因地制宜的自由发展权,因而地方政府事实上在地方税费的征管方面享有相当的自由裁量权。为了本地的利益,为了营造本地的经商环境,往往通过给予企业内外不一致或前后不一致的税收优惠措施、降低征税程度来吸引资本流入。地税部门直接受制于地方政府,导致税法对地方税务部门实际征税行为的约束力削弱,法定税率与实际税率严重脱节,对本地企业与外地企业、国有企业与民营企业在征税方面的不平等对待,存在因人而异的选择性执法现象。而有些经济欠发达的地方政府,为

[①] 余龙.国地税机构合并与深化财税体制改革[J].现代管理科学,2018(09):28-30.

[②] 项怀诚.市场经济国家财政机构设置及职能[M].北京:经济科学出版社,2000:23.

了获得本地更多的财政收入,则以下达年度征税计划指标等手段激励税务部门预征税、征收过头税。这都严重影响了我国税法的严肃性和刚性约束力,扰乱了国家整体的税收秩序和法治秩序。

鉴于此,中央才果断作出国税地税机关合并、统一征管权力的决策。国税地税机关合并后,税收征管权主要接受国家税务总局的统一领导,这对扭转地方政府及地税机关在税收征管领域乱作为的消极局面必将发挥明显的积极作用。当然,国税地税机构合并后要有效发挥其积极效能,还有待按照"扁平化"和矩阵式权责格局的要求重构各层级组织体系和征管职责。[1] 然而,我们也要清醒地看到,地方政府及其地税部门之所以在税收征管领域存在程度不等的乱作为,与在正式的法律制度层面对地方政府的正当财政利益和财税权力规范不周、保障不力是有内在关联的。在某种程度上甚至可以说,正是由于地方政府的财政利益和财税权力在正式法律制度上没有得到充分的体现和保障,才催生了地方政府在财政领域的乱作为。现在通过国税地税机关合并将有效阻止地方政府在税收征管领域的乱作为,追根溯源,我们在关住后门的同时,也要重视打开前门。通过制度改进,充实地方政府的税收立法权和税收收益分享权,促进中央与地方在财政收益和财税权力方面形成科学、规范、稳定的均衡格局,以保障中央与地方政府都有充分的财权和财力来履行其各自的法定事权和支出责任。

2. 打开前门——改进地方法定税权

在法治国家框架下,各级政府遵循一级政府、一级权责、一级预算的原则,事权与其支出责任应该相一致,履行事权及支出责任需要充足的财力保障,因而各级政府财力与事权及支出责任应该匹配,财力主要来源于财权,由此各级政府的财权与事权应该统一。目前,我国无论理论界还是实务界,普遍重视政府财力与事权及支出责任的匹配,而较为轻视财权与

---

[1] 张斌. 以国税地税机构合并为契机推进税务组织体系现代化 [J]. 税务研究, 2018 (08): 8-13.

事权的相应性。① 事实上，政府财力分为自有财力和转移财力及举债财力，自有财力无疑是政府财力的基石，转移财力和举债财力应该只是补充，大部分政府的财力主要依赖于转移财力或举债财力，则这种财政分配体制肯定是不科学、不规范的，因而也是难以持续、稳定的。② 自有财力主要来自税权，这样，政府要想取得充足的自有财力，就必须被赋予充分的法定税权，否则就成了无源之水。目前央地财政关系的失衡表明，赋予地方相应的税收立法权，充实地方税收收益分享权，使其拥有相对完整的税权，不但是破解地方财政困难、合理建构央地财政关系的现实考量，同时也具有法理上的正当性和逻辑上的自洽性。③

通过比较各国财政体制，我们发现市场经济条件下存在一个规律性现象，绝大多数国家都实行了财政联邦制，其核心是政府间规范的财政分权，通过分权各司其职而提升行政效率和社会效益。④ 固然，分权是联邦制国家的本质属性，然而，诸如法国、英国、日本这些单一制国家，其财税权力在央地之间也是规范分权的，地方的财税权力在宪法和法律层面明确规范，是稳定可预期的。我国1994年的分税制改革也是适应我国市场经济体制确立的需要来作为改革排头兵而推行的，只是当初为了提升"两个比重"而带有明显的向上集权的特征。加之，我国"中央决策、地方执行"的行政体制使得地方政府更多地体现出向上负责的特征，而当地人民的追责和监督机制都亟待加强。在我国五级政府的架构下，委托代理及转

---

① 有一种较为普遍的观点，对贫困地方而言，鉴于税源的枯竭，即使依法赋予了其财税权力，也难以筹到充足的地方财力，由此财权对其意义不大，关键在于通过中央的财政转移支付来输血救济。确实，少数贫困地方会有这样的情况，但我们不能一叶障目，不见森林，对于大多数地方政府而言，出路还在于通过扩大其财权来筹集充足的自有财力。反之，如果大多数地方政府都等待中央的财政救济，中央救助得来吗？这种财政体制会有高效率吗？能健康、可持续发展吗？

② 马万里. 中国式财政分权：一个扩展的分析框架 [J]. 当代财经, 2015（03）: 24-33.

③ 苗连营. 税收法定视域中的地方税收立法权 [J]. 中国法学, 2016（04）: 159-178.

④ 中国社会科学院财经战略研究院课题组. 现代税收管理的国际经验及对中国的启示 [J]. 国际税收, 2013（10）: 31-35.

移支付的层级过多,严重制约了我国财政资金的使用效率。发展到如今,中央财力已经确获保障,而地方财力日见窘迫,这就为央地财税权力的重构既创造了有利条件,也带来了新的现实压力,亟待抓住时机深化改革。

(三) 改进地方税权的可行方式

1. 在法律层面明确并充实地方税收立法权

财政乃庶政之母,税权是政府权力的基石,将地方税权在宪法和基本法律层面确立下来,有利于保证财政领域分权的规范化、制度化和权威性,从而既可以有效地避免中央与地方之间的非常规博弈行为,又可以避免地方行为的短期化和机会主义。[①] 为此,从法治国家建设的根本战略布局来看,首先要使税收法定原则回归其制约行政权的本来意义,对立法法上的税收法定保留条款做适度的修正,在规范层面为地方税收立法权释放出空间。立法法第八条第六项规定,"税种的设立、税率的确定和税收征收管理等税收基本制度"只能制定法律,并在第九条规定了可对国务院进行立法授权。然而,立法法仅仅对最高行政机关做了立法授权,而没有兼顾省级地方权力机关。就必要性而言,完全排除对地方进行此种形式的授权,未必符合税收立法的实际需要。例如,自由贸易区、区域性的重大发展战略等,往往都需要相应的特殊税收政策配套推进,但这些税收问题,中央立法尚缺乏成熟的经验去解决,需要地方先行先试。在这种情况下由全国人大及其常委会对地方进行一定授权就是必要的。同时,就可行性而言,我国不但有国家权力机关授权地方人大在经济特区就经济、社会改革事项试行立法的先例,更有最高国家行政机关授权上海市、重庆市等地方政府进行房产税立法试点的做法,可谓积累了相当的立法经验。为此,可以考虑将立法法第九条修改为:"本法第八条规定的事项尚未制定法律的,全国人大及其常委会有权作出决定,授权国务院或省级人大及其常委会可以根据实际需要,对其中

[①] 姜孟亚,史际春. 我国地方税权的确立及其运行机制研究 [J]. 法学家,2010 (03): 168-175,180.

的部分事项先制定行政法规或地方性法规。"这样,省级人大及其常委会就有了关于地方税种的试点立法权,可以因地制宜地规定有关地方税的税基、税率及优惠措施等事项,为获取充足的地方自有财力打下了制度基础。当然,这种形式的税收授权立法必须接受严格的法律约束,一是必须在全国人大的授权决定权限内进行,一般只针对地方税种,并在授权决定中对税种名称、税基范围、税率幅度、税收收入等事项作出原则性规定,禁止空白授权,地方人大不得越权;二是有必要及时提交全国人大常委会批准,接受其监督;三是一旦全国人大及其常委会就该地方税种制定了全国性法律,省级人大的试行立法就应终止,统一适用全国性法律。

省级人大除应赋有上述税收授权立法权之外,还应补强其基于单行税收法律授权的实施细则立法权。我国之前所有地方税种的规范依据都是国务院制定的暂行条例,这些行政法规的实施细则的制定权要么赋予了省级政府,要么赋予了财政部,属于行政授权的范畴。今后,随着我国税收法定原则的落实,地方税种都将升格为税收法律,那么,这些地方税法律的实施细则的制定权就应该主要赋予省级人大及其常委会,以充分彰显地方税种税法的地方特性和民主品格。

在立法原理及技术层面,全国人大及其常委会针对中央税、共享税与地方税的立法策略应有所区别。对中央税和共享税,基于其适用范围和效用的全国性,立法的时候就应该充分体现纳税人平等国民的待遇原则,在税制的具体设计方面尽量做到明确、详尽,具备充分的刚性责任规定和可操作性。对于地方税种,基于其利益的地方归属,全国人大及其常委会则只应进行框架式立法,即对地方税种的税基、税率、税收优惠的设立等基本事项只作原则规定,给各个地方留下相当的因地制宜的空间。这样,在地方税种税法的实施细则中,省级人大及其常委会有权在原法律规定的税基、税率范围之内,确定本地适用的具体税基、税率,并报全国人大常委会备案。地方人大不得擅自越过原法律有关税基、税率的权限规定,如果省级人大基于地方特殊需要必须突破原税法的税基、税率的规定,其有必

145

要及时报请全国人大及其常委会批准。鉴于现实中地方政府对税收减免优惠措施的滥用，为实现纳税主体之间税负公平的原则，对当前我国地方存在的各种式样的地方税收优惠政策，需要形成一种规范统一的税收优惠机制，严格遵守中央的统一要求："按照统一税制、公平税负、促进公平竞争的原则。加强对税收优惠特别是区域税收优惠政策的规范管理。税收优惠政策统一由专门税收法律法规规定，清理规范税收优惠政策。"一是在地方税法律中明确税收优惠政策的原则。二是在地方人大的税法实施办法中，应严格税收优惠措施的设立，既需要明确规定税收优惠措施的适用条件、优惠方式、适用范围、执行期限、终止条件等关键要素，又应该采用绩效评估的方式，通过设立周期性的审查方式，发挥审计机关的功能，逐步对一些低效的税收优惠政策予以清理。① 三是地方人大在地方性法规中规定的税收优惠政策，必须及时报全国人大常委会批准或备案，接受全国人大的监督。

2. 增强地方政府的税收收益分配权

地方自有财力主要来自地方税种收入和共享税中的分成收入，要增强地方的制度性自有财力，首先就应该给地方配置科学、充分、规范、稳定的地方税种。为此，基于税收法定的基本要求，势有必要将税种设置权从最高国家行政机关上收到最高国家权力机关，尽快重建地方主体税种，加快居民房产税立法进程，充分发挥地方在税政方面的积极性，促进全国基本公共品的均衡供应及各地经济、社会的协同发展。② 与此同时，为充足地方财力，应通过调整共享税分享比例、加大转移支付力度等措施，弥补地方财力缺口，为地方政府履职提供必要的财力支撑。③ 根据事权和支出责任划分，在保障中央财力及事权支出的基础上，可以考虑适当提高地方

---

① 徐翠翠，胡明，刘艳梅. 地方税权配置的法治化路径[J]. 改革与战略，2015，31(06)：94-96，114.

② 杨志勇. 中央和地方事权划分思路的转变：历史与比较的视角[J]. 财政研究，2016(09)：2-10.

③ 白景明. 科学认识中央与地方收入划分改革——基于增强收入稳定性的视角[J]. 税务研究，2019(01)：5-10.

在共享税上的分享比例,一旦确定了比例,应尽量保持规范、稳定,不可随意变更。① 在程序方面,在确定中央税、地方税、共享税的税种配置过程中,以及在确定共享税的分成比例过程中,要设计地方平等参与协商的制度化的有效渠道与机制。鉴于共享税税额在我国税制中所占的比重越来越大,对地方政府的税收利益影响越来越大,与落实税收法定原则将税收立法权提升到全国人大及其常委会相一致,也可以考虑将共享税分成的决定权上收到最高国家权力机关。在分成的具体技术层面,还可借鉴美国、德国同源分率的做法,在所得税上,探索由税收收入分成变为税率分成,进一步提高地方政府的自主性和发展经济的积极性。② 与此同时,省级政府与县市政府的税收收益分配也要努力做到规范化处理,提高县市政府的分成比例,使基层政府尽快从财政困局中解脱出来。

3. 适时改进税收征管依据

如果省级人大被全国人大或单行税收法律授权制定税收地方性法规的建议是可行的,那就有进一步修改税收征管法有关征税依据的规定的必要。长期以来,社会各界对税收法定原则中的"法"仅作狭义理解,认为只有全国人大及其常委会制定的规范性税收文件才是公民纳税的依据,才是国家征税的依据。其实,税收法定中的"法"的实质内涵是人民意志,其对抗的是行政机关单方的专断意志。在我国全面深化改革的关键时期,各个领域制度更新改进的任务尤其繁重,加之我国地域广大,各地情况差异很大,授权性立法尤其是授权地方立法迫于情势正大有用武之地。如果说最高行政机关接受国家最高权力机关的授权制定的全国性税收法规可以视为代表民意,那么,代表地方民意的地方国家权力机关接受最高国家权力机关的授权制定的地方性税收法规更是代表了民意。当然,这里需要设

---

① 徐键.分权改革背景下的地方财政自主权[J].法学研究,2012,34(03):43-58.
② 健全地方税体系研究课题组.健全我国地方税体系的目标任务[J].经济研究参考,2018(24):20-22.

计有效机制预防各个地方搞恶性税收竞争[1],但我们不能因为地方有趋向底线搞税收竞争的潜在可能性就关上赋予其正当必要税权的大门。借税收征管法正在酝酿大修的时机,基于上述考虑,税收征管法第三条可以修改为:"税收的开征、停征以及减税、免税、退税、补税,依照法律的规定执行;全国人民代表大会及其常务委员会或税收法律授权国务院或省、自治区、直辖市人民代表大会及其常务委员会规定的,依照国务院制定的行政法规和省、自治区人民代表大会及其常务委员会制定的地方性法规的规定执行。任何机关、单位和个人不得违反法律、行政法规、地方性法规的规定,擅自作出税收开征、停征以及减税、免税、退税、补税和其他同税收法律、行政法规、地方性法规相抵触的决定。"

三、完善地方税法律体系的对策

(一)制定地方税通则性规定

现在实务界和理论界都在探讨税法总则的制定问题,目的在于提高税收法律的科学化和体系化,实现税收治理法治化。税法总则"基本法"的属性,不仅在于它在法源上是其他税收单行法律的上位法,更在于它的内容是对税收基本原则和一般规则的规定,在于它为整个税收制度确定了基本价值和法治精神,从而为税收活动提供基本遵循,对税收关系起着综合性和宏观性的调整作用。[2] 在税收基本法中应该有地方税基本内容的规定,有些国家,如日本,甚至有单行的地方税通则法律。有关地方税的通则性

---

[1] 地方税权运行失当的典型表现形式是政府间税收恶性竞争,这种资源与利益的争夺不仅发生在政府和民众之间,而且也出现在中央政府和地方政府之间以及各地方政府之间,赋予地方法定税权保障其正当财政利益正是抑制政府间税收恶性竞争的制度基础,当然也有必要辅以其他有效机制,诸如成立指导竞争与合作的税收协调委员会、对地方征税收费依据的违宪违法审查机制、严肃的追责机制以及动用政治组织资源等。参见姜孟亚. 我国地方税权的确立及其运行机制研究[J]. 法学家, 2010 (03): 168-175, 180.

[2] 施正文. 税法总则立法的基本问题探讨——兼论《税法典》编纂[J]. 税务研究, 2021 (02): 94-103.

<<< 第六章 充实地方税权、优化地方税制以提高地方自有财力的法治进路

规定包括以下主要内容。

1. 统一地方税概念体系

对地方税法领域所涉及的基本概念加以统一定义，减少各单行税法间使用概念的差异，统一同一概念在不同单行税种法中的基本含义。例如，《德国税法通则》在其总则第一章第二节中，专门对所涉及的基本的税法概念加以规定，通过在税收基本法中对具体的内涵和外延加以明确的定义，能够减少立法上的差异，并对各单行立法之间加以协调。①

我国地方税通则中，也应对地方税、授权立法、税收构成、税额分成、税收管辖等基本概念和事项进行统一界定，以保障地方税形成内部统一的有机整体。

2. 明确地方税的立法主体及其权限、程序

中央确立我国房产税立法的基本政策思路是"立法先行，充分授权"，以此为指针，根据单行税法契税法、环境保护税法的立法经验，我国地方税在全国人大制定框架式法律的基础上，对地方要充分授权，其具体实施办法的决定主体应由省级政府升格为省级人大及其常委会，省级政府只享有拟定相关地方税制实施草案的提出权，地方人大通过后，还要报全国人大常委会备案。至于像房产税这样的税源明显带有地域性特征的税种，进一步赋予县市一级地方人大涉及税收要素的确定权，这是可以大胆探索、研究的问题，不要故步自封。

3. 确立地方税主体税种，明晰地方税的体系结构

我国现行有效的地方税种有8个之多，但自营业税废止以后，地方缺乏作为主要支柱财源的主体税种，从而使得地方自有财力非常有限。同时，地方税种之间结构不太合理，在房地产这一课税客体方面，就同时存在土地使用税、耕地占用税、土地增值税、契税、房产税等税种，重复课税，税负显然过重。我们有必要进行系统性改革，合并同一课税客体上的税种，简化税制，设置合理税率，建构以保有环节的房地产税为主体的地

---

① 刘剑文，汤洁茵. 试析《德国税法通则》对我国当前立法的借鉴意义 [J]. 河北法学，2007 (04)：48-50，78.

方税体系。

(二) 立法先行: 地方税法律应予明确规范的内容

1. 全国人大的地方税法律应该是框架式立法

根据立法法的规定,包括中央税、共享税、地方税在内的所有税种属于全国人大立法的保留事项,都应该由全国人大及其常委会制定法律。但是,不同于中央税、共享税具体详细的立法模式,地方税的立法模式应该是框架式的。所谓框架式立法,就是全国人大及其常委会只对关系地方税的重要事项作出原则性界定,而将其具体实施的操作性细则留给地方补充。也就是说,地方税实施细则一般应授权地方人大及其常委会制定,国务院及其职能部门原则上只应在实践经验的基础上,针对有必要在全国范围内作出统一规定的事项,在提请全国人大修订地方税法律之前,制定补充性的全国性规定。一方面,这是基于地方税的地方属性,地方税毕竟是地方政府提供地方性公共服务产品的财源,应该给地方留有因地制宜的较大空间,诸如契税、房产税等地方税种,其税基在经济发展水平不同的地区,可以达到5~8倍的差距,为了保障纳税人税负的基本平等,有必要在计税依据、税率等方面赋予地方较大的选择权;另一方面,这也可以节省中央立法资源,充分调动地方立法的积极性,形成央地分工协调的立法体系。从整体来看,目前已经升格为法律的5个地方税种,全国人大统一的内容还是有点过多,尤其在税基方面统制过严,基本没有赋予地方因地制宜的空间,仅仅在税率方面给地方留有一定的选择空间,这无疑严重制约了地方获取自有财力的能力。当然,地方要行使好地方税立法权,有待地方民主立法水平的大幅提升,尤其是需要在合理划分央地事权及支出责任的基础上,压实地方承担地方性公共服务和公共产品的主体责任,在预算硬约束下促使地方积极通过地方税源获取正当财力。

2. 地方税法律应予明确规范的内容

(1) 确定税基的宽狭幅度。2015年修订的立法法第八条第六款明确规定,"税种的设立、税率的确定和税收征收管理等税收基本制度只能制定法律",这里并没有将税基列举为税收基本制度,这就为赋予地方有关税基较大的自主权留下了空间。当然，税收法律在设定税种时，必然要对税基（计税依据）作出规定，只是在地方税法律中，应对税基（计税依据）作出一般性概括规定，应赋予地方在原则性规定之下具体细化的权能。因为，税基直接关系到地方税征税范围的宽狭，影响了能够征收的税额，对地方获取地方财力有根本性的决定作用。譬如，我国房地产价格地区差异巨大，北上广深房价是其他地区的5倍以上，未来我国正式开征城镇普通居民的房产税，如果在全国范围规定统一的计税依据，即使北上广深选择较低的税率，也不足以平衡这些高房价地区居民的税负。在目前的地方税法律中，一般都对税基作出了刚性的统一规定，地方基本没有选择的自主权，由此，赋予地方在法定幅度内一定的选择税基的权力，是非常必要的。

（2）确定税率的高低限度。现行地方税法律和行政法规，针对税率，一般都规定了最低限度和最高幅度，其他待地方自主选择。只是税率的高低幅度一般不超过2倍，如契税法律规定的税率是3%~5%，使得地方选择的空间尚显有限。针对房产税立法，考虑到地区之间房价的差距远远超过2倍，甚至可以高达10倍之多，则出于均等税负的需要，房产税法律规定税率的高低幅度还可以大一些。同时，契税、房产税的受益主体主要是基层政府的人民，而县市的经济发展水平差距也很大，在地方立法中，在决定税率时，还应该允许规定地区差别税率，这在最近的契税法中，已经有了明确的规定，值得大力推行。

（3）明确税收优惠的一般要求。在我国当前的地方税体系中，大部分税收优惠措施都是由国务院、国家税务总局或财政部根据经济形势发展的需要适时制定的。不少税收优惠之间存在矛盾和冲突，而且所提供税收优惠减免幅度相当大。由于税收优惠数量众多，所适用的主体存在较大的差异，这在很大程度上造成市场主体之间的不平等竞争，导致新的社会不公平。因此，我国应该在地方税法律中规定给予税收优惠的正当目的和基本条件，并明确规定国务院及其部委和地方可以设定税收优惠的权限范围和程序方式，任何机关设定税收优惠不得超越该权限，从而避免税收优惠的滥设。

(三) 充分授权：地方税种中地方立法的权限及其规制

1. 明确地方税种中地方立法的权限

（1）税基选择权。地方人大在地方税法律规定的基础上，对税基（计税依据）应有因地制宜的选择权。各个税种的地方特色各不相同，地方对税基的选择权大小也不宜一概而论，应综合考虑税种特性、征管难度、收益多寡，赋予每个地方税种各具特色的税基选择空间。中央也可以根据经济发展水平将全国划分为不同的税基类型，使中央立法对地方更具范导性。

（2）税率决定权。在税收法律规定的税率幅度范围内，地方人大应有具体适用税率的决定权。根据已有的立法经验，可以由地方政府在地方实践的基础上提出具体适用税率的草案，由省级人大及其常委会及时作出决定，并报全国人大常委会备案。对那些主要作为县市财源的地方税种，如契税、房产税等，税率决定权还可以进一步下放到县市人大。借鉴契税法的立法经验，还可以赋予地方差别税率的决定权。在地方人大作出决定之后，基于实践的需要，同级政府还可以制定地方规章和规范性文件，对其中的某些具体问题作出进一步详细规范。

（3）税收优惠确定权。在符合地方税法律一般规定的条件的基础上，地方人大应有一定范围内的税收优惠的选择权。借鉴现有立法惯例，可以由地方政府在地方实践的基础上提出具体税收优惠的草案，由省级人大及其常委会及时作出决定，并报全国人大常委会备案。地方人大在确定税收优惠措施时，应该对具体税收优惠适用的条件、期限等事项作出明确规定。

2. 地方税收立法权的法律规制

长期以来，实务界和理论界之所以对赋予地方税收立法权持保守态度，主要是考虑到目前地方立法的民主化机制尚显不足，可能导致地方税收立法权的滥用。因此，在赋予地方税收立法权的同时，势有必要设计对地方税收立法权的有效规制措施。目前，根据中央有关法治国家建设的最新精神,正在抓紧建构中国特色的合宪性审查制度,并完善司法审查机制。①借此契机,我们可以考虑通过改进如下几方面的机制方法,达到有效规制地方税收立法权的目的。首先,应加强地方民主建设,保障地方税收立法过程中民众知情、参与的权利,保证地方税收立法符合本地区大多数人民的意志。其次,完善地方税收立法的备案审查机制,应在既有法律一般规定的基础上,进一步明确备案审查的时限要求和责任方式。再次,完善司法附带审查机制,在相对人提起行政诉讼时,如果涉及地方税、地方性规定可能违反税收法律的情形,应中止诉讼,报请有权机关对涉嫌违法的文件进行审查,及时作出处理决定,并追究相关责任者的法律责任。最后,通过合宪性审查机制,由有权主体对涉嫌违宪的税收法律(及其草案)提请进行合宪性审查,以维护我国法制的统一。

四、建构地方主体税种视角下房地产税试点改革的法治进路

2021年10月23日,第十三届全国人民代表大会常务委员会第三十一次会议通过《全国人民代表大会常务委员会关于授权国务院在部分地区开展房地产税改革试点工作的决定》(以下简称《授权决定》),授权国务院在部分地区开展房地产税改革试点工作。我国房地产税改革的目的之一在于建构地方主体税种,充实地方自有财力,由此使千家万户税负增加,如何在法治轨道上积极稳妥推进,是当前和今后相当长时间内亟待研究解决的重大现实问题。

(一)房地产税改革试点应在法治轨道上推进

"凡属重大改革都要于法有据"已是社会普遍共识。作为牵涉利益广泛、对我国经济影响深远的一项改革,房地产税改革试点更应做到于法有据。

---

① 姚东旻,颜缙,李静.从政策文本出发分析我国政府间事权划分的基本逻辑[J].中国人民大学学报,2018,32(06):66-77.

1. 改革试点应有明确的立法目的指引

房地产税改革试点如果没有明确的目的做指引，那么改革试点工作将是盲目的、任意的。[1] 从理论研究看，学者们借助税收的政治、社会、经济等多重功能，探讨了房地产税法的筹集财政收入、优化资源配置、调节贫富差距等多重目的。[2] 所形成之共识在于，房地产税难以承担宏观调控稳定房价之重，主要目的在于筹集财政收入，在国民之间公平分配财政义务。具体而言，房地产税改革试点是为地方政府谋取税收利益的，从而构建全面"营改增"之下地方政府的主体税种。

置身于改革试点的时代背景下，房地产税立法目的可以从两方面予以把握。一方面，习近平总书记在《扎实推动共同富裕》一文中把"积极稳妥推进房地产税立法和改革，做好试点工作"作为"加强对高收入的规范和调节"的七大措施之一[3]，揭示了房地产税改革试点合理调节居民收入分配的目标。另一方面，《中华人民共和国国民经济和社会发展第十四个五年规划和2035年远景目标纲要》等多个国家重要政策文件，在健全地方税体系的大背景下阐述"推进房地产税立法"，阐明了房地产税改革试点筹集地方财政收入的目的。

为此，无论是国务院制定试点的具体办法，还是试点地区政府出台的具体实施方案，都应以上述两方面立法目标作为具体制度指引。基于共同富裕的要求，房地产税试点的具体方案要考虑对高低不同档次房产的区别对待；基于主体税种的要求，要赋予地方在具体方案设计中的自主权。就现实立法目的而言，应考虑房产税以调控手段作为其直接立法目的，以财产税作为其间接立法目的；就长远立法目的而言，随着社会的发展，在土地出让金取消之时，再将房产税以财产税为其直接主要立法目的，从而将其作为地方税的主体税种。

---

[1] 刘风景. 立法目的条款之法理基础及表述技术 [J]. 法商研究, 2013, 30 (03): 48-57.

[2] 郭昌盛. 基于立法实践的税收立法目的条款省思 [J]. 重庆社会科学, 2020 (02): 101-114.

[3] 习近平. 扎实推动共同富裕 [N]. 人民日报, 2021-10-16 (01).

2. 改革试点具体办法应以行政法规的形式制定

在落实税收法定的时代背景下,应慎重对待房地产税改革试点文件的位阶与层级。《授权决定》将试点地区各类房地产纳入征税范围,实质上是在试点地区调整了《房产税暂行条例》《城镇土地使用税暂行条例》的适用,属于立法法第八条第六项规定之事项。在房地产税尚未制定法律的情况下,全国人大常委会通过《授权决定》授予国务院在部分地区开展房地产税改革试点,符合立法法授权立法基本要求,应遵循立法法第九条有关授权有限的精神原则,这要求国务院制定房地产税试点的行政法规。

如果把房地产税立法看作是一个动态发展的过程,那么将《授权决定》提出的"国务院制定房地产税试点具体办法"中的"具体办法"解释为"行政法规"更为合理。与大多数税种一样,房地产税行政立法缘于1985年全国人大一揽子的立法授权①,至今仍沿用1986年制定之《房产税暂行条例》的基本格局。全国人大常委会通过的《授权决定》可视为1985年决定的补充和解释,应受1985年决定之约束,即房地产税改革试点应制定暂行的规定或者条例,并报全国人大常委会备案。退一步讲,如果"具体办法"可理解为行政法规以下位阶的文件,那么《授权决定》完全可以按照《关于授权国务院在部分地方开展药品上市许可持有人制度试点和有关问题的决定》等决定之表述②,明确规定国家税务行政部门制定的具体试点方案,经国务院批准后报全国人大常委会备案,而无须限定为"国务院制定"。

既然国务院规定之房地产税的计税依据、适用税率、减除标准等税制要素已落入授权的范围,其规范形式须严格服从限制,采取授权下的行政

---

① 《中华人民共和国第六届全国人民代表大会第三次会议关于授权国务院在经济体制改革和对外开放方面可以制定暂行的规定或者条例的决定》(1985年4月10日第六届全国人民代表大会第三次会议通过)。
② 《关于授权国务院在部分地方开展药品上市许可持有人制度试点和有关问题的决定》规定:"国家食品药品监督管理总局制定具体试点方案,经国务院批准后报全国人民代表大会常务委员会备案。"

法规形式。① 实施路径有二：一是制定房地产税改革试点规定或办法，以行政法规形式对关系房地产税的重要事项作出原则性规定；二是调整《房产税暂行条例》《城镇土地使用税暂行条例》等现行涉房地产税暂行条例的有关规定，如允许在特定区域对个人所有非营业用房产课税，以符合税收的形式合法要求。

3. 改革试点应遵循"立法先行、充分授权、分步推进"的实践进路

房地产税作为一种在全国范围内征收的地方税，根据我国立法法第八条的规定涉及"税种的设立、税率的确定和税收征收管理等税收基本制度"应实施全国统一立法。然而，地方权力机关在了解当地经济状态、满足当地居民公共需求等方面具有无可比拟的优势，应让其根据实际情况来决定具体实施方案。因此，房地产税试点宜首先由国务院对房地产税的基本法律框架制定行政法规，然后将房地产税的征收范围、纳税主体、计税依据、税率、免税规定等具体要素的决定，充分授权给省级地方政府，其结合地方的房价水平、收入水平制定各自的实施细则，再由地方政府根据本地区的实际情况确定具体的征收范围和税率，并完善相应的征管措施。同时，由于房地产税涉及多方利益平衡，改革试点应把握改革试点的关键环节和难点问题，由简入繁，分步实施，从多个层面稳步推进，最终构建符合我国国情的房地产税法。

4. 改革试点应充分保障公民知情、参与的基本权利

根据立法法第五条，立法应当体现人民的意志，发扬社会主义民主，坚持立法公开，保障人民通过多种途径参与立法活动。房地产税是以纳税人的房屋所有权、土地使用权为征税对象的直接税，尤其涉及大量的自然人、纳税人的切身利益。虽然相较于法律，行政法规制定的程序要求更为宽松一些，但是在改革试点的过程中应贯彻社会主义全过程民主的优势，让公众参与到试点方案的制定当中。毕竟，行政法规在起草过程中，也应遵守立法法关于保障公民参与权利的规定，确保有关机关、组织、人民代

---

① 张圆. 论地方事务设定的合法性要件 [J]. 法学杂志, 2020, 41 (01): 132-140.

表大会代表和社会公众的意见能够得到广泛听取,此点被《行政法规制定程序条例》所认可。

其实,通过公众参与机制,利益攸关方和中立专业人员进行知识的互通、价值的互补,不仅能有效实现决策的合法性和正当性,而且更能保障制度设计的科学性,更有助于实现房地产税改革目标。[1] 在房地产税试点改革方案设计阶段,宜考虑建立财税行政部门牵头的由宏观经济学家、税收政策专家、财税法学者和行政管理等人员组成的起草小组,研究改革试点的关键环节和难点问题,起草高效的方案。"税收制度方案一旦公开宣布,应当组织一些座谈会,由税收官员和民间组织代表一起来讨论法律议案的条款。如果这些工作能够做到,那么利益冲突和偏袒嫌疑的问题就可大大避免。"[2] 一旦房地产税在改革试点初期有了良好的群众基础,在未来统一立法时即可凝聚更多共识、获得更多支持、赢得更多掌声。除国务院制定房地产税试点具体办法保障公众的参与权利外,试点地区政府制定具体实施细则也要多渠道听取当地民众的意见建议,保障公众的参与权利。试点地区政府制定实施方案至少要报地方人大常委会备案,必要时应由当地人大常委会审议,并以地方性法规的形式出台。

(二) 房地产税改革试点税制要素的规范设计

在推进过程中,房地产税试点应以合理调节收入分配与建构地方主体税种的立法目标为指引,在中央统一立法框架的基础上,给予地方以试点具体办法的自主权,通过循序渐进的试点之路,明确征税范围、纳税主体、免征对象等税制要素,来克服上海、重庆房地产税改革试点存在的税基较窄、免税面积较大、税率偏低、计税依据不科学等诸多弊端[3],从而回应新时代改革要求。

---

[1] 王宗涛,熊伟. 我国房产税试点改革问题:政策的适用性分析 [J]. 河南社会科学,2013 (03): 63-67.

[2] 图若尼. 税法的起草与设计:第一卷 [M]. 国家税务总局政策法规司,译. 北京:中国税务出版社,2004: 10.

[3] 陈少英,等. 财产税法论 [M]. 北京:法律出版社,2019: 152-154.

1. 征税范围的选择

在理论上，房地产税的征税范围应涵盖所有地区、所有类型的房地产，实现普遍征收，以彰显社会公平。从长期看，房地产税立法应设定较大的征税范围，拓展房产税和城镇土地使用税的征税对象，由城镇扩大到农村、由非住宅类房地产扩大到住宅类房地产，为今后房地产税的发展预留了空间。鉴于当前的社会经济发展状况，上述全面的征税范围显然不现实，扩大范围也不可能一次性完成。《授权决定》明确房地产税征税对象有居住用和非居住用等各类房地产，并将依法拥有的农村宅基地及其上住宅排除在征税对象外，体现了逐步推进改革试点的思路，但也遗留了一些短期内需要明确的问题。一是基于合理调节收入分配的实质税收公平原则，征税范围应改变上海、重庆两市房产税（除了重庆独栋别墅外）仅对增量房征房产税的做法，将征税范围扩展到所有存量与增量的房产。二是鉴于存量征收必须建立在房屋产权明晰的前提下，但我国目前房产产权形式多样，尤其是小产权房未妥善解决的现实，应在试点的过程中明确和建立完整统一的房屋产权制度和登记制度，然后再逐步明确存量征税范围。三是为了调节收入分配，需要对高、中、低档住房区别对待，因此还需明确不同档次的划分标准。

2. 纳税主体的确定

确定纳税人是一个税种改革方案的前提。从房地产的权属关系来看，房地产税的纳税人确定有三种方式：一是规定所有人为纳税人；二是规定使用人为纳税人；三是规定所有人和使用人均为纳税人。不论选择哪一种方式，都需要清晰的产权关系。《授权决定》已经将纳税主体明确为土地使用权人、房屋所有权人两类。然而，在现行"城镇土地属国家所有，农村土地归集体所有"的二元化结构下，前述规定如何精准识别诸如商品房、房改房、经济适用房、限价房、单位自由土地建房、小产权房等种类繁多房产的纳税人，有必要对不同物业类型的土地所有权和使用权、房屋的产权进行归集。具体可从三方面把握：一是房地产税主要针对房产征税，因此，房屋所有权人将构成主要的纳税主体，涉及共有产权的可以按照产权持有比例或协商后共同承担纳税义务。不能确定房屋产权所有人的，房屋的实际使用人承担纳税义务。① 二是土地使用权人为房地产税纳税人契合我国土地属于国家或集体所有的规定，房地产税改革应进一步改变现行免缴土地使用税的情形。由于在获得土地使用权后，存在土地闲置的情形，出于"土地资源节约集约利用"，土地闲置人应缴纳房地产税。三是还应考虑设置较为完善的反避税条款。在纳税人避税情形下，以房屋或土地的实质归属作为纳税主体的判断标准。

3. 免征面积（套数）的确定

房地产税的征收涉及纳税人的居住权，对此并无争议。问题在于，究竟是采用套数还是面积的方式衡量基本生存权，以及如何平衡地方财政收入和居民税负。若采用面积，则会存在面积的大小、家庭成员面积能否合并以及家庭成员范围界定等难题。我国城镇居民人均住房面积为39平方米（2018年）②，如果免征面积过大，家庭成员范围过大，可能会导致征税范围过窄，难以增加地方财政收入。相比之下，若采用套数标准，允许纳税人确定一套住房作为主要住房，既可以保证住房的完整性，也可以避免税制过于复杂。基于共同富裕的调节目标，对主要住宅的确定可以设定一个上限，比如，超过一定面积的不得作为主要住房。有关调研报告指出，中国城镇居民家庭户均房产为1.1套左右。如果首套住房免税，那就意味着只对城镇10%的住房征收房产税，90%的住房免税。采用基于套数的免税规定，同样难以增加地方财政收入，还有可能滋生将名下房屋交由他人代为登记的避税行为。两种选择皆有利弊，不妨交由试点地区从中选取一种方式，未来再加以完善。

4. 计税依据的明确

国务院房地产税试点具体办法应明确，按照居住用房的评估值来征收房地产税。上海市房产税改革试点是通过参照应税住房的房地产市场价格

---

① 何杨. 中国房地产税改革 [M]. 北京：中国税务出版社，2017：172.
② 国家统计局. 建筑业持续快速发展 城乡面貌显著改善——新中国成立70周年经济社会发展成就系列报告之十 [EB/OL]. 国家统计局，2019-07-31.

确定的评估值，这在试点初期评估经验不成熟的情况下不失为一种有益的尝试。然而，房地产市场交易价格并不总是能体现房地产的真实价值，建议国务院在试点具体办法中明确试点地区政府应探索健全房地产估值机制。在税基评估方法上，可以考虑由中央政府制定评估方法和流程的规范，各地方选择适合本地情况的评估方法，如市场比较法、收益还原法或重置成本法。在税基评估周期上，征收房产税的国家一般以3~5年为周期进行房产的估值。鉴于目前在试点阶段，建议采用1~2年的评估周期确定房产价值，既确保房地产税征税水平能够反映房地产的真实价值，也给纳税人一个较为稳定的预期，保证税收的公平性。

5. 税率的设置

域外经验显示，房地产税的税率设计呈现一些普遍规律：税率上限不高，住宅类房产适用1%的税率；地方政府拥有税率的决定权；简易的差别化税率设置。[1] 据此，我们建议由国务院在试点具体办法中设定税率的幅度范围，允许地方在规定税率幅度内根据实际情况自行决定适用税率。具体而言，建议税率设定的上限为1%，并根据共同富裕的调节目标设置2~3档累进税率，对不同面积、不同档次的房产，采取不同的税率，从而实现对不同面积住房以及房屋档次的差异化征税。

6. 相关税费的整合

现行房地产税制已经相当复杂，重复征税突出，税制结构不合理。[2] 房地产开发交易环节的土地增值税，与企业所得税以及改革的房产税存在功能重叠，保有环节的城镇土地使用税与土地出让金存在功能重叠。进行房地产税改革必须进行税种整合，避免"改税"成为"增税"。通过相关税种整合，一方面，使房地产税成为房地产保有环节的单一税种及房地产行业税收中的基本税种，实现税制简化与征管便利；另一方面，使房地产行业税负在房地产项目生命周期中所处的阶段后移，改变"重交易、轻保

---

[1] 刘剑文. 房产税改革正当性的五维建构 [J]. 法学研究, 2014, 36 (02): 131-151.
[2] 杨小强, 等. 房地产税法之国际比较：应税、免税与估价 [M]. 广州：中山大学出版社, 2011: 14.

有"的房地产税收格局,抑制政府的短期行为。遗憾的是,《授权决定》规定非居住用房地产继续按照现行房产税法、城镇土地使用税法执行,产生了"增税"的财政效果。鉴于此,我们建议国务院在制定试点具体办法时,考虑降低税负效率损失,避免在房地产中开发、流转、出租、保有各环节的重复课税,协调试点地区的房地产税、土地增值税、土地出让金以及其他有关费税的关系,确保总体税负平稳,推动完成房地产税改革试点的目标。

7. 程序事项的明晰

进一步推动房地产税的实质性改革,需要使房产税征管机制全面更新和完善。房地产税的征管机制主要包括征管和评估机制的设置、评估计税方法、征管流程和征管配合等内容。美国、加拿大等发达国家的经验大多采用独立的评估机构和市场评估方法,建立了较为完善的征管体制。但是,中国和其他面临相似问题的发展中国家,如印度、南非等都存在着房地产市场交易价格不透明、市场评估体系不健全、直接税收征管能力优先等问题,难以完全效仿发达国家的做法。因此,在设计房产税征管时,应多借鉴发展中国家的有益尝试,并结合中国的实际情况进行切实的考量,建议秉持便利纳税人与以数治税的原则设计房地产税征收程序,至少以下措施是切实可行的。一是借鉴个人所得税综合所得的课征模式,即由纳税人在纳税系统中申报登记房产信息与减免税,再由税务机关评估房产价值,向纳税人发布缴税信息,由纳税人确认并可提出异议。二是评估的具体实施,需要房地产管理部门向税务机关提供房产交易的数据,再由税务机关通过评估系统进行批量评估。三是在申报纳税方面,可以依托已经运行良好的个人所得税 APP,由税务机关在该平台直接向纳税人发布缴税信息,纳税人所要做的是确认信息是否有误,允许纳税人提出异议。

第七章

直管改革背景下落实地方政府环保责任的难点、基点与机制改进

一、问题的提出

自迈入新时代以来,在全面深化改革的巨大压力下,地方政府在环保领域的不作为和选择性执法等消极怠政的现象却日趋严重,这一方面使得国家法律、政策的统一性和权威无法得到有效实现,这也导致我国生态环境质量难以根本改善,潜藏巨大的社会风险。鉴于此,2016年《关于省以下环保机构监测监察执法垂直管理制度改革试点工作的指导意见》由中央全面深化改革委员会第二十六次会议审议通过,对环保执法体制、机制改革提出了系统的方案,其核心目的在于破除地方保护主义,强化地方党委政府的环保主体责任。

环保直管改革实施以来,环保机构的职能出现分化,中央和省级政府在环境监测监察方面的权力得以充实,对地方政府履行环保属地责任的监督和问责力度大大加强,这对我国生态环境质量的改善产生了积极效应。然而,在实践中,落实地方政府的环保政策也暴露出了新的问题。一方面,在体制上,我国政府间环保事权及其支出责任划分还不科学、不规范,地方政府环保责任出现同质化现象,各级政府具体的环境责任范围并不清晰,而且,由于将大量环保事务压向县市政府,导致基层政府履行环保属地责任出现程度不同的财力困难。另一方面,在监督和追责机制方面,在加强中央和上级政府纵向问责的同时,人大对同级政府的监督仍然乏力,地方人民的环保诉求难以得到有效回应,省以下环境检测监察直管机构与中央环境督察的协调还不够。时代的需要呼唤我国政府之间环保权

责划分要转换模式、调整体制、创新机制。

我国法律规定了"地方各级人民政府应当对本行政区域的环境质量负责",这种地方政府承担的对本行政区域环境质量负责的职责,一般称为地方政府的环保属地责任。"本行政区域的环境质量"是一个包含大气环境质量、水环境质量、土壤环境质量、生态环境质量等在内的所有种类环境质量的复合概念,且各类生态环境因各具不同的性质而有不同的质量标准要求。我国地方政府又分为省级、地级市、县级、乡镇四个具有独立法律主体资格的行政层级,那么,在如此多层级的地方政府之间,科学、合理地划分各类环境质量的保护责任,就是一个很大的现实难题。而这恰恰正是落实各级地方政府环保属地责任的前提,我们总不能要求单独一级地方政府对所有种类的环境质量都负责。如果各级地方政府对本行政区域内的环境质量尽有保护之责都还模糊不清,又谈何公正、合理追责。

社会各界倾向于将地方政府的消极怠政行为指斥为地方保护主义,从而倾向于主张上收权力,通过中央和上级政府的垂直管理来加强公共治理的效果。环保领域的直管改革也与此相适应,然而,透过地方保护的表象,其背后其实深藏着中央与地方权责划分不科学、不规范的体制性症结。长期以来,我国政府之间环保权责划分呈现出"上下一般粗"的"职责同构"的模式特征。其间虽经多次反复调整,但宪法赋予地方政府的法律主体地位一直没有得到足够的尊重和保障,中央在上收监控权和财权的同时,却将环保事权及其支出责任往下推,正是由于二者间的逆向调节,才引发地方政府的消极不作为和乱作为。虽然法学界和财政学界对央地之间权责不对称的模式特征早有关注,但基于体制改革的迟缓与滞后,大多数研究还是在既定体制下,或者进行实证研究[1],对

---

[1] 祁毓,李祥云,宋平凡. 环境保护事权与支出责任划分研究——来自A省环保事权改革调研的经验证据[J]. 地方财政研究,2017(12):33-42,50.

政府间环保事权与财政支出责任"错配"的内在机理进行特征分析和原因探究①，或者提出"纠错"的若干技术性方案和改进性措施②。这些研究极具参考价值，但也存在"偏重事实"的严重不足。法学作为规范科学，显然还需要从应然的视角，从宪法和基本法律已确立的价值位阶和正当秩序中深入分析，审慎辨明央地之间权责关系的应然逻辑和格局，设计出合乎宪法精神的改进方案。虽然近年来已有少数学者敏锐地关注到我国宪法中其实可以解读出地方自治的隐含价值和逻辑，但从平等法律主体资格的视角来探讨政府间环保权责划分的原则、内容的成果仍不多见③，精致的法教义学探讨更少。

因此，基于国家治理现代化的时代新要求，我们必须跳出急功近利的狭隘视野，走出片面强调地方政府作为中央执行机关的固有思维，回归基本大法的既定价值预设，才可望以法治思维来彻底化解中央与地方之间"收死放乱"的循环困局。鉴于此，本研究试图解决的难题：在找准落实地方政府属地环保责任的真正难点的基础上，其突围的基点究竟在哪里？直管改革背景下如何才能科学、规范地划分各级政府的环保事权和支出责任？又如何改进监督和问责的机制、方法促进各级政府各司其职、各负所责以达成合作高效的良好环保格局？

二、落实地方政府属地环保责任的体制性难点

（一）环保属地责任模式难以兼容环保效益的强外溢性

1. 在环保属地责任模式下，各级地方政府环保事权同构的体制难题

我国《环境保护法》第六条规定："地方各级人民政府应当对本行政

---

① 陈海嵩. 生态文明体制改革的环境法思考 [J]. 中国地质大学学报（社会科学版），2018, 18 (02): 65-75.
② 熊超. 环保垂改对生态环境部门职责履行的变革与挑战 [J]. 学术论坛，2019, 42 (01): 136-148.
③ 王慧. 环保事权央地分权的法治优化 [J]. 中国政法大学学报，2021 (05): 24-41.

<<< 第七章　直管改革背景下落实地方政府环保责任的难点、基点与机制改进

区域的环境质量负责。"学界一般据此将各级地方政府保护当地生态环境质量的责任称为政府属地环保责任。[1] 此处的"责任",不是指违反法律规定而承担后果意义上的责任,而是指公权力主体依法承担的职责。在公法理论中,公法主体的权力一般表述为职权,义务则表述为职责,其职权与职责实质是一体两面。[2] 属地责任制是我国常见的一种责任制,分级负责是属地责任存在的前提。[3] 当前,我国实行分级负责下属地管理的事务领域较多,包括食品安全、生产安全、信访、环保等领域。基于各自领域不同的特性,各个领域属地责任的具体内涵也各不相同。地方政府属地环保责任是地方政府在本行政区域内所享有的环保方面的权力和应尽的职责,其职权与职责是对应一致的。从现有政府组织法来看,省、市、县三级政府具有明显的"职责同构"特征[4],三级地方政府对生态环保都具有监管职责,但每一级政府具体环保事权的归属并不明晰。

既有体制采取"中央决策、上级监督、基层实施"的职能分工模式,针对某一特定的环境质量保护工作,原则上从中央到地方各级政府都有监管之责,差别只在于各级政府的监管权能不同,中央与上级政府负责某一环境质量保护工作的立法、决策、规划、监控权能,而具体实施保护的权能及责任则压在县市等基层政府身上。以职能完备、直面民众的县级政府为例,根据上述法律规定,县级政府对本辖区内包括大气质量、水质量、土壤质量、生态质量等种类的所有环境质量都必须尽保护之责。然而,如果县级政府对所有种类的环境质量都尽了保护之责,那么,作为上级政府的市级、省级乃至中央政府的环保职责又何在?难道上级政府仅仅承担对

---

[1] 陈海嵩.新《环境保护法》中政府环境责任的实施路径——以环保目标责任制与考核评价制度为中心的考察[J].社会科学家,2017(08):14-19.
[2] 季卫东.宪政新论[M].北京:北京大学出版社,2002:257.
[3] 金亮新,杨海坤.公法视野下的政府垂直管理改革研究[J].江西社会科学,2008(04):166-170.
[4] "职责同构"是指在政府关系中,不同层级的政府在纵向职能、职责和机构设置上的高度统一、一致。也就是说,不同层级的政府承担相似的职权,其机构设置随之上下对应,再加上党的系统的强化,无形中放大了"职责同构"的效应。张志红.当代中国政府间纵向关系研究[M].天津:天津人民出版社,2005:270-278.

环保的决策、监察职责？如果将所有种类生态环境质量的具体保护职责归之于县级政府，那么这样的体制是否科学、高效呢？同时，各类生态环境因各具不同的性质而有不同的质量标准要求，那么，在如此多层级的政府之间，科学、合理地划分各类环境质量的保护责任，是一个有待破解的现实难题。

2. 环保属地责任模式与环保效益的强外部性难以兼容

众所周知，环境污染尤其大气污染和水污染其扩散性和流动性非常强，具有明显的负外部性特征，容易导致跨域污染问题，而生态整治恢复则有很强的正外部性，生态效益会扩散到周边地区。这里的问题在于，环保属地责任模式与环保效益外溢性之间难以兼容。因而，对这类污染的治理属于一种跨区域公共产品，这需要由中央政府或较高层级的地方政府来提供。[①] 如果将这类具有明显效益外溢性特征的公共产品贯彻属地提供原则，则在事关责任划分、损害赔偿和治污成本分担等问题上就会形成初始分配的不公正。首先，环境污染的空间转移性和污染治理的强外部性特征使得一些地方容易滋生"搭便车"心理；其次，不同区域的发展目标和环境规制的差异导致各地方政府在治理环境中不仅各自为政，还可能出现某些"策略性"行为[②]；最后，治理污染"画地为牢"的属地管理体制使得各区域在面临跨域污染问题时难以有效协调合作。

可见，基于环境污染的高扩散性和生态环保效益的强外部性，解决环境执法主体不明、权威不足的问题，实际上也是如何强化环境保护共同目标、打消坐收渔利的"搭便车"心理以及破解跨域环境治理中的"公地悲剧"问题。破解这类问题，归根结底在于突破环境治理分权体制的不利因素，改变"治理体系碎片化导致行政执法过程中部门博弈常态化""不同区域执法各自为政"的老大难局面。[③] 在此背景下，强化垂直管理机制，

[①] 皮建才. 垂直管理与属地管理的比较制度分析［J］. 中国经济问题，2014（04）：13-20.

[②] 王猛. 府际关系、纵向分权与环境管理向度［J］. 改革，2015（08）：103-112.

[③] 王清. 行政执法中的部门博弈：一项类型学分析［J］. 政治学研究，2015（02）：69-78.

<<< 第七章　直管改革背景下落实地方政府环保责任的难点、基点与机制改进

以纵向权责制约来加强横向府际合作，不失为提升环境执法权威乃至环境治理效能的可行之举。当环境污染跨越区域界限时，涉及的责任主体从单一变得多元，对这种污染问题的治理将很难限定在特定区域范围内由单一主体来完成。此时，谁有权对造成污染的责任方进行有力督查，由谁来对污染问题和环境质量进行权威性检测，进而"由谁"对违反环境法律法规和规章制度的行为进行有效的处罚及必要的强制措施等，成为横亘在跨域性污染治理进程中的现实问题。[①]

与此同时，在实践中，大量经验事实显示，环保属地管理体制下还容易滋生地方保护行径。在既有的环保属地管理体制下，地方环保部门既受上级环保部门的指导、监督和约束，也要执行所属地方政府的决定和工作部署。在这种双重领导体制下，条块之间必然产生职责划分与部门利益之间的矛盾，在实践中则很容易出现"执哪种法"的难题，即当上级环保部门秉持的环境法律法规和规章制度与所属地方政府所看重的"地方性"法规、政策不相容时，环境执法机构及其工作人员会面临如何取舍的难题。[②] 尤其当环保执法严重影响到当地企业的生存和发展的，进而有损当地政府的GDP总量、就业及社会稳定时，地方政府就会倾向于利用各种手段、方式干预环保执法。在属地管理模式下，环保执法部门是无力抵制这种地方保护做法的。

(二) 本次直管改革尚未触及政府之间环境质量保护事权的划分

1. 环保直管改革的目标指向

基于生态环保领域存在严重的地方保护主义问题[③]，2016年9月22日，中共中央办公厅、国务院办公厅印发《关于省以下环保机构监测监察执法垂直管理制度改革试点工作的指导意见》(以下简称为《指导意

---

① 王建学.环境保护事权纵向划分的比较与辨析 [J].福建理论学习，2016 (02)：25-28.
② 龚宏龄，吕普生.环境执法权为何"逆流而上"？——基于环保案例的质性分析 [J].中国行政管理，2021 (10)：97-105.
③ 中央党校"生态文明建设"研究专题课题组.关于"实行省以下环保机构监测监察执法垂直管理制度"改革的思考 [J].理论视野，2018 (02)：22-28.

见》），开启了生态环境领域的直管改革。①《指导意见》首先明确了此次垂直管理改革的目标："改革环境治理基础制度，建立健全条块结合、各司其职、权责明确、保障有力、权威高效的地方环境保护管理体制，切实落实对地方政府及其相关部门的监督责任，增强环境监测监察执法的独立性、统一性、权威性和有效性，适应统筹解决跨区域、跨流域环境问题的新要求，规范和加强地方环保机构队伍建设，为建设天蓝、地绿、水净的美丽中国提供坚强体制保障。"

这次环保直管改革，实行"省以下监测监察执法机构垂直管理"，这也只是手段和途径，而非改革的最终目标。改革的核心目标是"切实落实和强化地方各级党委政府对环境质量负责的主体责任和环保部门统一监督管理责任，实行最严格的环境保护制度"。从整体来看，《指导意见》大大加强了地方党委和政府及其相关部门的环境保护责任。第一，落实地方党委和政府对生态环境负总责的要求。进一步加强地方各级党委和政府环境保护主体责任、党委和政府主要领导成员主要责任，完善领导干部目标责任考核制度，把生态环境质量状况作为党政领导班子考核评价的重要内容。建立和实行领导干部违法违规干预环境监测执法活动、插手具体环境保护案件查处的责任追究制度，支持环保部门依法依规履职尽责。第二，加强地方环保部门职责。第三，明确相关部门环境保护责任。具体改革措施主要包括改进环境监测管理体制——环境质量监测权上收到省级环保机关；改变环境监察的职能属性——加强省级环保机关的监察权能；调整环保机构管理体制——县市环保机构实施省以下垂直管理等。

---

① 环保直管改革，早在 2002 年 8 月，陕西省机构编制委员会印发了《陕西省市以下环境保护行政管理体制改革意见》，率先在市以下环境保护机构实行垂直管理。2006 年，辽宁省内各城市市区环境监察机构垂直管理正式启动。2007 年起，江苏省通过修订《江苏省环保条例》，推进全省市辖区、开发区环保机构垂直管理。在中央层面，党的十八届五中全会通过的《中共中央关于制定国民经济和社会发展第十三个五年规划的建议》首次提出了"实行省以下环保机构监测监察执法垂直管理制度"。参见朱丘祥. 从行政分权到法律分权 [M]. 北京：中国政法大学出版社，2013：73.

2. 直管改革尚未触及政府之间环境质量保护事权的划分

从《指导意见》的具体内容来看，本次改革的亮点主要是省、市、县政府之间环保机构的调整，在政府间环境质量事权优化方面的措施还非常有限。《指导意见》虽然提出"省级环保部门对全省（自治区、直辖市）环境保护工作实施统一监督管理"，但其直接负责的环保事权除了"在全省（自治区、直辖市）范围内统一规划建设环境监测网络，对省级环境保护许可事项等进行执法，对市县两级环境执法机构给予指导，对跨市相关纠纷及重大案件进行调查处理"之外，其余的职责都是监督、指导类事务，其职责重心还是在于通过上收环保监测、监察权力而强化对市县政府履行属地环保责任情况的考评、监督。如果要追问，省级政府本身的环保事权究竟有哪些？依法应对哪些种类、哪些范围的环境质量治理承担属地责任？《指导意见》的改进空间显然是有限的。[1] 而这正关乎落实"地方各级人民政府对本行政区域的环境质量负责"法律规定的最基础性的环节。也就是说，如果连各级地方政府的属地环境质量责任的种类及范围都还没有划分清楚，又谈何落实和追责。

本次改革虽然将市级环保部门改为由省环保部门管理为主的双重领导下的垂直管理部门，但省级环保部门对市级环保部门的执法工作还是以"指导"为主，《指导意见》依旧强调市级环保部门"对全市区域范围内环境保护工作实施统一监督管理，负责属地环境执法，强化综合统筹协调"。这说明，一方面，省级政府与市级政府各有其环保属地责任，省级环保部门不能越俎代庖，不因市级环保部门改为垂直管理部门而代替履行市级政府的属地环保责任；另一方面，省级政府与市级政府分别在哪些种类、哪些范围承担各自的环保属地责任，《指导意见》显然未予明确。

本次改革一个大的亮点是将县级环保局调整为市级环保局的派出分局，其由市级环保局直接管理，领导班子成员由市级环保局任免，加强现场环境执法。这就意味着县级环保局不再作为县级政府的工作机构，而成

---

[1] 孙畅. 地方环境监察监测执法垂直管理体制改革：利弊争论与改革方向 [J]. 中国行政管理, 2016（12）：13-17.

为地市级环保局派出机构。问题在于,如此一来,县级党委政府失去了对环境质量负责的抓手,可能影响其履行环保职责的主动性和积极性,出现问题后有可能出现推诿、扯皮等现象。① 那么,既然法律明确规定了"地方各级人民政府对本行政区域的环境质量负责",我们显然不能因为县级环保部门上收而认为县级政府的环保属地责任也一并上收了。可是,县级政府的环保属地责任究竟有哪些?又如何履行其环保属地责任呢?

三、落实地方政府属地环保责任的基点——政府间环保事权和支出责任的规范划分

(一)政府间环保事权的规范划分是落实各级政府环保责任的基础前提

1. 环保直管改革的内在逻辑

如上所述,中央为破解环保领域的地方保护主义、严格落实地方政府属地环保责任而开启了垂直管理改革,然而,垂直管理迥异于属地管理,自有其内在逻辑。从规范意义上来讲,适宜于垂直管理的事务必须是中央或上级政府专属事务,属地管理事务则主要是地方自主性事务。② 也就是说,某些公共事务之所以必须实行垂直管理,是基于该类事务的影响重要性、范围广域性、效益外溢性及信息复杂性而不得不由中央或高层级政府设立直管机构独立负责,原则上这类事务不适宜委托给下级政府履行。现在的问题在于,中央在环保领域开启直管改革,是否建立在政府之间环保事权明确、规范划分的基础之上呢?

2. 各级政府环保责任应与其事权范围相一致

我们注意到,这次环保直管改革,主要措施在于环保监测监察机构调整为省以下直管,是环保共同事权中监测监察权能的上收,而不是针对中央或省级政府的专属环保事权而实施的垂直管理。目前我国环保事务大部分都是中央与地方共同事务,依法明确划分给中央或省级政府的环保专属

---

① 中央党校"生态文明建设"研究专题课题组. 关于"实行省以下环保机构监测监察执法垂直管理制度"改革的思考 [J]. 理论视野, 2018 (02): 22-28.
② 朱丘祥. 从行政分权到法律分权 [M]. 北京: 中国政法大学出版社, 2013: 73.

<<< 第七章　直管改革背景下落实地方政府环保责任的难点、基点与机制改进

事权还较少。针对环保共同事务，中央负责立法、规划，省级政府负责监测监察，贯彻实施的绝大部分具体工作则主要由县市基层政府负责。可见，将共同事权中应由中央和上级政府负责的规划、监测、监察权能上收，来加强上级政府的信息掌控和监察督促，有其合理性和必要性。然而，这体现的还是我国权力纵向配置中"中央决策、地方执行"的旧有逻辑，与市场经济体制下各级政府"职权法定、各负其责"的发展新要求尚有不相吻合之处。① 而且，环境污染的负外部性和生态效益的正外部性，都使得主要承担环保实施责任的县市政府权责难以对称，加之，其事权与财力不相匹配，从而导致地方政府属地环保责任履行的困难，甚至不可能。最终，这还是会倒逼环保事权向中央和省级政府上移。由此可见，国家必须科学、规范划分各级政府的环保事权，保证各级政府环保责任与其事权范围相一致，而不能不分各类环保事务的不同性质，一概将具体实施的责任归属地方基层政府，要求其承担相应的属地责任。

（二）最新政府间生态环境事权和支出责任划分改革方案检视

1. 初步界定了各级政府的环保专属事权范围

2020年5月31日国务院办公厅下达国办发〔2020〕13号文件，公开发布了已经党中央、国务院同意的《生态环境领域中央与地方财政事权和支出责任划分改革方案》（以下简称《改革方案》）。《改革方案》的整体思路是"适当加强中央在跨区域生态环境保护等方面事权，优化政府间事权和财权划分"。在此基础上，除环保方面的立法、规划、宣传、监督、考评等事项按照影响范围来区分央地权责之外，明确为中央专属事权的事项：国家生态环境监测网的建设与运行维护；国务院有关部门负责的规划和建设项目的环境影响评价管理及事中事后监管；全国入河入海排污口设置管理；具有全局性和战略性意义、生态受益范围广泛的生态保护修复的指导协调和监督；全国控制污染物排放许可制、排污权有偿使用和交易、碳排放权交易的统一监

---

① 苏明，陈少强. 我国环境事权划分现状及改革建议［J］. 经济研究参考，2016（42）：5-14，43.

171

督管理；核与辐射安全监督管理；跨国界水体污染防治等。

《改革方案》明确为地方自主事权的事项：土壤污染防治，农业农村污染防治，固体废物污染防治，化学品污染防治，地下水污染防治，除中央与地方共同事权之外的其他地方性大气和水污染防治，噪声、光、恶臭、电磁辐射污染防治，地方性的生态环境监测，地方规划和建设项目的环境影响评价管理及事中事后监管，控制污染物排放许可制的地方监督管理，生态受益范围地域性较强的地方性生态保护修复的指导协调和监督，地方性辐射安全监督管理，地方行政区域内控制温室气体排放等事项。明确为中央与地方共同事权的事项：放射性污染防治，影响较大的重点区域大气污染防治，长江、黄河等重点流域以及重点海域、影响较大的重点区域水污染防治等。

从对主要环境的质量监控来看，大气质量方面，除"影响较大的重点区域大气污染防治"确定为央地共同事权外，"其他地方性"大气污染防治都属于地方事权。在水体质量方面，除"跨国界水体污染防治和全国入河入海排污口设置管理确定为中央事权""长江、黄河等重点流域以及重点海域、影响较大的重点区域水污染防治"确定为央地共同事权外，"其他地方性"水体污染防治都属于地方事权。在土壤质量方面，土壤污染防治、农业农村污染防治、地下水污染防治等都明确为地方事权。在生态质量方面，除"具有全局性和战略性意义、生态受益范围广泛的生态保护修复的指导协调和监督"确立为中央事权之外，"生态受益范围地域性较强的地方性生态保护修复的指导协调和监督"确定为地方事权。

2. 环保共同事权的范围依然过广

综上分析可以看出，此次改革划归中央的专属环境质量事权仅仅包括"跨国界水体污染防治和全国入河入海排污口设置管理"，以及"具有全局性和战略性意义、生态受益范围广泛的生态保护修复的指导协调和监督"，范围非常有限。在大气质量和水体质量保护方面，即使是"影响较大的重点区域"的污染防治，也没有划归中央专属事权，而是确定为央地共同事权。相反，绝大部分污染防治和生态保护方面的事权都被确定为地方事权，然而，在省、市、县各级地方政府之间并没有进一步的事权细分，而是授权"各省级人民政府要参照本方案要求，结合省以下财政体制等实际，合理划分生态环境领域省以下财政事权和支出责任"，仅仅提出了一般性原则要求："要加强省级统筹，加大对区域内承担重要生态功能地区的转移支付力度。要将适宜由地方更高一级政府承担的生态环境领域基本公共服务支出责任上移，避免基层政府承担过多支出责任。"

实际上，改革方案所提出的"适当加强中央在跨区域生态环境保护等方面事权"原则要求，主要体现在中央对生态环保事务进行规划、监测、督察、考评等方面，这都属于中央在生态环境质量保护方面的"决策和监督"权能。各类具体的环保质量落实责任还是得由地方政府承担，没有从根本上突破长期以来的"中央决策、地方执行"的"压力—动员"体制。值得注意的是，本次改革虽然将生态环保领域事权明确区分为中央事权、中央和地方共同事权、地方事权三类，中央事权由中央财政负责支出，地方事权由地方财政负责支出，但对央地共同事权并没有确定央地支出责任的分担比例。除提出"优化政府间事权和财权划分，建立权责清晰、财力协调、区域均衡的中央和地方财政关系，形成稳定的各级政府事权、支出责任和财力相适应的制度"原则性目标之外，只是在个别地方强调"适当加强中央在长江、黄河等跨区域生态环境保护和治理方面的事权"。

3. 县市政府属地环保责任还是过大

根据中央的统一部署，各省级政府先后颁布了本省生态环境领域省与市县财政事权和支出责任划分改革方案，对省级政府与市县政府之间生态环境领域事权和支出责任进行了细分。从各地的具体规定来看，与前述中央与地方环境事权划分的逻辑基本一致，内容大同小异。以江苏省为例，根据2021年1月颁行的《江苏省生态环境领域省与市县财政事权和支出责任划分改革方案》，省政府在全省生态环境规划、监测、监察、考评等方面的事权得以强化。然而，在环境质量保护方面，还是照旧"将土壤污染防治、农业农村污染防治、固体废物污染防治、化学品污染防治、地下水污染防治以及其他地方性大气污染防治、水污染防治，确认为市县财政事

173

权,由市县承担支出责任,省级财政通过转移支付给予支持。将噪声、光、恶臭、电磁辐射污染防治等事项确认为市县财政事权,由市县承担支出责任"。即使是"重点区域大气污染防治,重点流域、水体水污染防治,重点海域海洋环境污染防治,放射性污染防治等事项",也只是确认为省与市县共同财政事权,由省与市县共同承担支出责任。仅仅提出了"适当加强省级在跨区域污染防治方面的事权"的原则性要求。至于如何划定省内"重点区域大气污染防治,重点流域、水体水污染防治,重点海域海洋环境污染防治",则由省政府确定,并没有构建县市政府参与相关决策的制度性渠道和平台。

(三) 政府间环保事权和支出责任规范划分的改进思路

1. 准确把握政府间环境事权和支出责任划分的基本原则

环保事务是"公地"属性非常鲜明的公共产品,政府间环保事权划分应遵循范围广域性、效益外溢性及信息对称性的基本原则。① 首先,应该考虑的是环保事务范围广域性的大小。所谓范围广域性原则,是指首先应根据污染防治和生态保护涉及的范围来划定政府间环保事权的归属,凡涉及全国范围的污染防治和生态保护,宜划归中央事权或央地共同事权,只涉及局部区域的污染防治和生态保护,则宜划归地方政府事权。

其次,政府间环保事权划分还要考虑环保事务效益外溢性的大小。所谓效益外溢性原则,是在范围广域性原则的基础上,进一步考虑污染防治和生态保护所导致的效益外溢性的大小,从而厘定环保事权的归属。凡效益外溢性大的环保事务,则应突破属地政府行政区域的限制,宜划归较高层级政府管理,只有效益外溢性较小的环保事务,才可以考虑主要归属地政府管理。

最后,政府间环保事权划分还应兼顾事务信息的对称性。所谓信息对称性原则,是指在划分政府间事权时要兼顾政府所需处理的信息的复杂度,凡本级政府有能力较容易掌控所处理事务的全部信息的,就宜由本级

---

① 朱丘祥.从行政分权到法律分权 [M].北京:中国政法大学出版社,2013:34-36.

政府负责，相反，凡政府掌握事务信息力有不逮的，则不宜归属该级政府负责，而应提高政府管理层级。值得注意的是，由于大气污染防治、水污染防治、土壤污染防治和生态恢复保护等各类环境质量的效益外溢性和信息处理难度各不相同，因此，环保事权的划分不宜搞"一刀切"，而应该根据各类环保事务的特性在政府之间进行科学而有区别的划分。

2. 进一步明确各级政府的专属环保事权范围及其履责方式

基于我国目前各级政府"职责同构"的现实，政府间共同事权过多，应该适当缩小共同事权的范围，当务之急则在于明确各级政府的专属环保事权。从上述中央和地方改革方案的分析可以看出，在污染防治领域，已基本明确"将土壤污染防治、农业农村污染防治、固体废物污染防治、化学品污染防治、地下水污染防治以及其他地方性大气污染防治、水污染防治，确认为市县财政事权"。然而，在全国范围，"影响较大的重点区域大气污染防治，长江、黄河等重点流域以及重点海域、影响较大的重点区域水污染防治等"依旧划归中央与地方共同事权。同样，省级区域内，"重点区域大气污染防治，重点流域、水体水污染防治，重点海域海洋环境污染防治，放射性污染防治等事项"，仍然确认为省与市县共同事权。也就是说，在污染防治最重要的大气污染防治和水污染防治领域，虽然明确区分为"影响较大的重点""重点""其他地方性"三个档次，但是即使是"影响较大的重点"区域的大气污染防治和流域、水体的污染防治，也只是央地共同事权，而明确划归中央政府专属事权的事务仅仅包括"全国入河入海排污口设置管理、跨国界水体污染防治等"。在生态保护领域，虽然已经明确"具有全局性和战略性意义、生态受益范围广泛的生态保护修复的指导协调和监督"确立为中央事权，"生态受益范围地域性较强的地方性生态保护修复的指导协调和监督"确定为地方事权。显然，对生态保护恢复类事务，中央和上级政府也只是尽"指导协调和监督"的职责，具体的落实责任还是由属地政府负责。

鉴于中国政府已向世界作出"2030年前碳达峰、2060年前碳中和"的承诺，为加强我国生态环保实效，笔者认为，可以考虑进一步扩大中央和省级政府的环保专属事权范围。在污染防治领域，可以划定若干污染防治任务艰巨且影响重大波及全国范围的大气区域、流域、水体作为中央专属事权。同样，在省级区域，可以划定若干影响波及全省范围的重点大气区域、流域、水体作为省级政府的专属事权，除此以外的其余流域、水体的污染防治类事权则由属地市县政府负责。鉴于大气污染具有较强的负外部性，除明确为中央和省级政府的大气污染防治专属事权之外，其余的大气污染防治事权宜归属共同事权。在生态保护领域，则应划定若干影响重大的全国性自然生态保护区、生态功能恢复区作为中央专属事权，划定若干具有全省影响的重点区域作为省级政府的专属事权，其余地方性生态保护和修复事权则归属市县政府。

综上所述，可以将中央和地方生态环保事权划分如表3所示：

表3 中央和地方生态环保事权范围

事权类型	主要内容
中央事权	1. 国家生态环境监测网的建设与运行维护； 2. 国务院有关部门负责的规划和建设项目的环境影响评价管理及事中事后监管； 3. 全国入河入海排污口设置管理； 4. 具有全局性和战略性意义、生态受益范围广泛的生态保护修复的指导协调和监督； 5. 全国控制污染物排放许可制、排污权有偿使用和交易、碳排放权交易的统一监督管理； 6. 核与辐射安全监督管理； 7. 跨国界水体污染防治等； 8. 污染防治领域，若干任务艰巨且影响重大波及全国范围的大气区域、流域、水体污染防治，如长江、黄河等； 9. 生态保护领域，若干影响重大的全国性自然生态保护区、生态功能恢复区。

续表

事权类型	主要内容
地方事权	1. 土壤污染防治； 2. 农业农村污染防治； 3. 固体废物污染防治； 4. 化学品污染防治； 5. 地下水污染防治； 6. 噪声、光、恶臭、电磁辐射污染防治； 7. 地方性的生态环境监测； 8. 地方规划和建设项目的环境影响评价管理及事中事后监管； 9. 控制污染物排放许可制的地方监督管理； 10. 生态受益范围地域性较强的地方性生态保护修复的指导协调和监督； 11. 地方性辐射安全监督管理； 12. 地方行政区域内控制温室气体排放等事项。
共同事权	1. 放射性污染防治； 2. 除长江、黄河等以外的跨省跨区域的重点流域以及影响较大的重点区域水污染防治； 3. 除若干明确为中央专属事权以外的跨省区域大气污染防治。

在已有的改革方案中，事权和支出责任划分只在中央、省、市县三个层级之间展开，市县被当作一个层级，而没有进一步区分地级市与县的环保事权，这与我国五级政府的架构有不一致之处。我们还注意到，在环保直管改革方案中，县级环保部门已被改为市环保部门的派出机构，脱离县级政府组成部门序列，人、财、物都受市环保局垂直领导、管理。这显然并非意味着县级政府没有了独立的环保事权、没有了需要独立负责的环保质量责任。作为世界上人口最多、疆域广阔的大国，我国要在既有的五级政府之间进行公共事权的规范划分，确实是难度很大的。因此，学界主张，应精简我国的政府层级，尽量在三级政府的框架内进行政府间事权划

分改革。① 可以说，本轮环保直管改革，作为试点，也是顺着这一思路展开的。笔者认为，市县可以作为一个事权层级，根据属地原则分别对本辖区的环境质量负责，但应将县与地级市所设的区的环保责任加以区分，原则上，区的环保职责隶属于地级市，由地级市作为整体来履行环保责任，但地级市代管的县政府则应独立承担属地环保责任，地级市政府有监督、考核权责。

值得强调的是，我们应该进一步明确，依法划分给中央的专属环保事务，应该由中央设置具体的工作机构采取垂直管理的方式组织实施，而不应委托给地方政府，不宜沿袭"中央决策、地方执行"的传统做法。对中央专属事务，地方政府只应承担相应的配合协助义务。对中央专属环保事务的追责，应由国务院追究环保主管部门的政纪责任，由全国人大及其常委会依法追究法律责任，由党中央追究政治责任。依法划分给地方各级政府的环保事务，应该由各级政府因地制宜组织实施。只有对财力不足的县市政府，中央才以一般转移支付的方式进行输血式的财政补助。针对地方环保事务，先由地方政府对环保职能部门追责，然后，地方人大及其常委会按照宪法和政府组织法的规定对同级政府追责，中央和上级党委政府则依法依规按照组织程序对地方党政领导班子成员追责。

3. 清晰界定各级政府在环保共同事权中的支出责任与履责方式

基于上述政府间事权划分的分析，在明确各级政府专属环境质量事权之后，其余环境质量事权则应归属政府共同事权。这主要集中在大气污染防治领域、跨流域的水体污染防治领域以及跨区域的生态修复、保护工程领域。对政府共同事权而言，首先重在明确区分各级政府在共同事权中的具体财政支出责任。既往做法的主要弊病不但在于政府间共同事权过多，而且在于各级政府在共同事权中的分担比例不科学规范，从而导致上级政府将环保支出责任压向基层政府，使得基层政府不堪重负，并最终影响环保实效。鉴于此，笔者认为，针对共同事权，要进一步明确划定各级政府

---

① 贾康. 在全面改革中深化财政体制改革[J]. 中国党政干部论坛, 2013 (12): 21-23.

的财政支出责任，根据各类环保事务的性质特点，结合不同层级、不同地区政府的财政能力，分类、分层、分地确定环保共同事权的支出比例。基于我国分税制财政体制的特征，总体倾向应该是适当提高中央和上级政府的财政负担水平。

另外，在界定各级政府在共同事权中的支出责任的基础上，还应清晰规定各级政府的履责方式。中央和较高层级政府的履责方式主要是进行环保规划立法、制定环保标准、环境督察监察、环境质量监测等，基层政府则主要负担共同事权中的具体执法、生态环保工程的具体实施。实践证明，以往将环境监察和质量监测由基层市县政府实施的做法效果不好，试点改革将环境监测监察权上收到省级政府，这是合理且必要的。值得注意的是，试点改革将环境监测监察权上收到省级政府，所针对的只是省级政府与市县政府共同事权，对于中央与地方共同事权而言，环境监测监察的权力则应进一步上收到中央层次。

四、落实地方政府属地环保责任的机制改进

从法治国家的规范要求来看，法律要求"地方各级人民政府应当对本行政区域的环境质量负责"，其实包括两方面的责任：一是各级地方政府承担地方性环境质量事权而产生的实施责任；二是各级地方政府在共同环保事权中分担的履行责任。前者的问责主体应是同级人大及其常委会，后者的追责主体则应是中央和上级政府。然而，在现实中，人们更重视中央和上级政府的纵向追责，而相对忽视同级人大及其常委会的横向问责。因此，加强人大及其常委会对同级政府的环保问责，成为我国法治国家建设的迫切需要。

（一）做实人大对同级政府及其环保职能部门的横向监督问责机制

目前，在我国地方监督体系中起主要作用的是行政层级监督和监察监督，而同级人大对政府的监督权相对弱化，社会监督的作用相当有限。我国是社会主义国家，各级人民代表大会作为国家权力机关，代表人民意志，集中行使国家权力，其监督活动贯穿整个权力运行的全过程。相对于

行政监督的内部性，人大及其常委会对同级政府的监督具有独立追责的外部刚性；相对于监察监督的专门性，人大及其常委会的监督具有整体把控的宏观特征。同时，相对于中央对地方的层级监督，人大及其常委会对同级政府的监督还具有明显的信息优势，能够及时发现问题尽快处理。可见，从我国根本政治制度的初衷来看，人大及其常委会的监督在整个国家监督体系中具有龙头的地位，发挥着不可替代的中枢作用。然而，我国作为单一制大国，地区之间经济、社会发展很不均衡，近年来中央对地方的财政转移支付规模已达到整个国家财力的 40%，由此，强化中央对地方政府的监控也是势在必行。因此，随着我国民主法治的推进，我国对地方政府的监督模式需要向人大与行政兼顾的纵横立体化监督模式转进，实现对地方政府的人大监督与行政监督、监察监督、社会监督相互协调的监督形态。这种复合型模式的要点在于以人大的外部刚性问责监督倒逼政府内部追责监督，以监察机关、审计机关独立的专职监督保障地方政府行为合法合规，以中央对地方的巡视督察促进地方政府的治理绩效。

加强人大监督制度，做实人大对同级政府的监督权，亟须把人大的监督从形式推进到实质，达成人大对同级政府行为的刚性约束，充分发挥人大对同级政府的横向监督作用。[1] 结合中央发展"全过程民主"的最新要求，拓展人大监督同级政府的渠道，主要包括以下方面的内容：

1. 加强各级人大及其常委会对政府环保资金的审批和监督机制

近年来各地人大及其常委会已经积累了大量有效的实践经验，具体内容包括：以环保预算草案初步审查、部分修正为主要抓手的预算审议监督；以规范环保资金预算调整为主要内容的预算执行监督；以审计查出问题整改情况向人大常委会报告为关键环节的环保决算监督；建构人大预算审查监督重点向环保支出和政策拓展机制。

2. 做实人大及其常委会对同级政府及其环保职能部门的问责机制

结合党中央的最新布置，进一步明确地方政府及其环保与监测监察部

---

[1] 樊丽明，石绍宾．中国人大预算监督 40 年：进程、趋向与逻辑 [J]．财政研究，2021（02）：36-43．

门向同级人大报告环境质量和执法情况的程序，完善人大及其常委会对环保领域执法检查的常态化方式，构建地方政府对人大环保问责的配合协助机制，以充分发挥人大在政府问责过程中的主导作用，并形成长效机制。

3. 改进机制保障人民群众积极参与人大对政府的问责工作

首先，完善环保预算审议前听取人大代表和社会各界意见和建议的机制，探索民主恳谈和参与式预算机制。其次，阳光是最好的防腐剂，应当扩大环境信息公开的广度和深度，拓宽公众参与生态环境监督的渠道，让公众可以通过线上线下、"三微一端"等方式参与到环境质量监督工作之中。鼓励社区人大代表和政协委员接受居民投诉、提问并向政府询问，保障公民积极行使监督权。最后，创建激励机制保障公民检举、揭发、投诉危害环境的违法犯罪行为，并改进环境公益诉讼机制，使其发挥更大的社会作用。[1]

（二）充实中央和上级政府的纵向追责机制

为强化地方各级党委和政府环境保护主体责任、党委和政府主要领导成员主要责任，《指导意见》还明确要求完善领导干部目标责任考核制度，把生态环境质量状况作为党政领导班子考核评价的重要内容，并建立和实行领导干部违法违规干预环境监测执法活动、插手具体环境保护案件查处的责任追究制度。所有这些举措的实质意义正在于加强中央和上级政府对县市政府在履行环保共同事务中属地责任的追责能力，这无疑是十分必要的。结合直管改革实践经验，中央和省级政府在纵向追责方面还有待充实加强以下机制。

1. 完善各级政府自上而下环保监察追责的常态化机制

落实地方政府环保责任，除了需要完善人大的外部问责机制，政府内部的责任追究制度也有待充实，从上至下各级政府间的监察问责手段亟待常态化。首先，要改进环境目标责任制，实现"回头看"的"常态化"督

---

[1] 杨楠. 过程视角下政府问责效能提升的路径选择 [J]. 云南社会科学, 2021 (03): 26-33.

查、巡视制度，加强对地方政府党政干部的环保考核、考绩，防止地方政府的环保责任落实流于形式，止于应付。在积累实践经验的基础上，可以探索建立环保监察专员制度，由其开展环保日常监察和重点监察工作，实现环保监察的常态化。例如，北京市人民政府按照中央环保督察组的要求，坚持边督边改、立行立改原则，完善机制保障执行，形成纵横联动的合力，强化问责，促进整改，这给督察工作的开展做了良好的示范。①

其次，要进一步健全环保考核评价机制。第一，增加环保考核指标。对地方政府领导干部的工作考核，不仅要注重"GDP"的考核，还要注重"GEP"的考核，应在干部考核评价体系中引入较多的环保考核指标。此外，环保指标的引入要注重定性指标与定量指标的结合、动态指标与固态指标的结合。第二，应当明确环保考核对象的具体责任范围，尤其要具体细化部门负责人和主要领导的环保责任，制定责任清单。第三，引入独立第三方参与考核。为了保障考核结果的公平公正，对政府领导干部的考核考评可引入外部独立的第三方作为监督者。第三方监督可以在社会监督、专家监督、人民监督的基础上，进一步拓宽监督渠道，确保考核考评结果真实可靠。

2. 改进中央生态环境保护督察与省以下环保监察的协调互动机制

中央实行环保督察制度已经十余年，成效卓著，但省以下环保监察制度启动时间还不长，二者如何协调互动，是有待摸索经验积极解决的实践问题。中央生态环境保护督察对省级地方政府追责，省级环境监察机构则向县市政府追责，两机构应当有效衔接，充分协调，综合发力，形成合劲，共同促进我国环保事业的发展。一方面，中央生态环境保护督察基于其积累的丰富办案经验，可以对省以下环保监察工作予以有效指导和督促②；另一方面，在中央对地方进行环保督察时，省级环境监察机构应当积极配合，协助其完成部分工作。对于中央环保督察组巡视各级政府时交

---

① 参见中央生态环保督察在北京[N].北京日报，2021-09-13.
② 陈海嵩.中国环境法治的体制性障碍及治理路径——基于中央生态环境保护督察的分析[J].法律科学（西北政法大学学报）2019，37（04）：149-159.

办的问题,各地政府监察机构应当及时进行全程跟进,加强督促整改。同时,中央生态环境保护督察可以与省以下环保监察形成联动工作机制,及时受理相关部门和群众的举报,对重大问题线索实行重点督办、提级办理,确保追责工作及时有效开展。

在积累经验的基础上,需要制定操作性强的环境保护督察、巡视实施细则,明确环保督察与省以下环保监察的协调互动机制和程序,保证环保责任真正得以落实。[1] 近年来,在各地实践中,我国整合中央督察和上级监察要求,将具体整改责任落实到各级党委政府及相关部门,全面追根溯源、逐项压实责任,分类施策、系统推进,取得了良好的效果。

3. 建构从中央到地方的统一环境质量监测网络,为环保追责打下坚实基础

加强中央环保追责的前提在于对各地环境质量信息的精准掌控,为此,需要建构从中央到地方的统一环境质量监测网络。一方面,省以下环保监测机构直管以后,亟须进一步与国家环境质量监测网有效对接,搭建全国统一的环境质量监测平台,保证全国环境质量信息准确、畅通,为中央环保追责打下坚实基础。另一方面,环境质量监测的完善需从统一监测标准角度入手,通过大数据技术对平台数据进行分析,从而制定出科学合理的标准。我们要充分发挥"互联网+"的强大优势,发掘数据的价值,让数据多跑路,实现政府与公众、各级政府之间进行信息共享,实现多部门联动反应机制,形成齐抓共管的格局。

4. 优化基层政府环保执法机制助力环保责任落实

在直管改革背景下,县级政府的环保部门调整为市环保局的派出执法机构,脱离了县级政府的组织序列,看似使得基层政府落实环保责任失去了主要抓手。实际上,县级环保部门在人员与职能管理等方面,从县级政府脱离了,但不意味着要削弱其对县级党委政府环保履责的支撑力度,而应借助参与地方环保委员会继续为地方党委政府提供环保决策支持,主动

---

[1] 顾德瑞. 中央规制地方财政的工具选择与法律配置研究 [M]. 北京:中国社会科学出版社,2020:56.

融入地方政府生态文明建设，积极参与政府环境事务的统筹协调管理。[1]为此，一方面，需要进一步明确界定基层政府各个具有环保职能的执法主体的职责权限及其相互关系，组建高规格的地方环保委员会作为决策、协调、考评机构。另一方面，妥善处理生态环境管理部门人员的调动与安置等问题，合理地划分职位类别，对生态环境管理部门的人员实行精细管理，实行有效激励机制，改革生态环境管理人才级别晋升办法。在外在形式上，规范生态环境执法部门人员着装，配备环境执法用车。可以考虑设置一名政府领导成员和若干产业园区网格员专管生态环境执法工作，发挥好"基层治理四平台"作用，将生态环境执法纳入基层综合行政执法之中。

（三）改进与各级政府环保事权和支出责任相适应的财力保障机制

环保事权与支出责任调整后，应该改善财政划拨、管理机制，充分保障各级政府用于环保的财力。

首先，中央应当制定统一明确且具体的各级政府生态环境管理的基本开支标准，保障各级政府履行环保事权的必要开支经费。对于政府间共同的环保事权，应明晰各级政府承担支出责任的比重，并适当提高上级政府的分担比例，为落实共同环保事权提供有效的资金保障。同时，对财力薄弱的基层政府，中央和省级政府要加大财政补助的力度，保证全国人民分享基本均衡的环境共同产品。在环保转移支付与专项资金的管理上，还应精简程序，优化项目评估审核方式，提高资金拨付效率，让生态环境管理工作的财力得到有效保障。

其次，省级生态环境管理部门在此次改革中增加了环境监测监察职能，因此省级政府应当调整其原有的环保预算分配，在环境监测监察职能上加大资金投入与支出占比，并制定相应的监测监察经费支出标准与审批、拨付程序，完善支出流程。由于职能的上收，会带来职能部门人员的

---

[1] 中央党校"生态文明建设"研究专题课题组. 关于"实行省以下环保机构监测监察执法垂直管理制度"改革的思考 [J]. 理论视野, 2018 (02)：22-28.

管理变化，因此，在此过程中省级政府还应当完善相关职能部门人员经费开支标准，保障人员变化分流的经费开支不低于原水平，人员待遇按属地化原则办理。与此同时，县级环保部门改革为市级环保部门派出机构，市级环境执法职能相应扩大，所需经费也会大量增加，因此，市级政府也应当在环境执法方面加大资金投入与支出占比，制定相应经费支出标准与审批、拨付程序，完善支出流程，保障生态环境部门的经费支出。

第八章

国家治理现代化背景下我国财政监督法治化的模式改进及其实践路径

迈入新时代以来,党和国家提出了"把权力关进制度的笼子"的法治目标。党的十九大报告强调"健全监督体系:强化自上而下的组织监督,改进自下而上的民主监督,发挥同级相互监督作用"。2020年10月党的十九届五中全会通过的建议明确提出,"十四五"期间基本建成法治国家、法治政府、法治社会。财政乃庶政之母,财政监督作为现代财政制度的关键环节,是法治国家建设的重要保障,上述党和国家提出的改革目标、政策、举措,为财政监督领域全面深化改革带来了巨大的动力。从法治国家的内在要求来看,党和国家机构及其职能的重新调整,无疑要求在财政监督领域修改旧法律、法规,颁布新法律、法规,使财政监督改革于法有据,在法治的轨道上积极作为。然而,目前我国尚没有专门的财政监督法律,有关财政监督的法律规定散见于《中华人民共和国预算法》(2018年修正。以下简称《预算法》)、《中华人民共和国各级人民代表大会常务委员会监督法》(2006年通过。以下简称《监督法》)、《中华人民共和国审计法》(2021年修正。以下简称《审计法》)等法律文件中,从整体来看,财政监督领域的立法还难以适应新时代财政监督法治化的要求。由此,以修订财政监督领域的基本依据——《财政违法行为处罚处分条例》(中华人民共和国国务院令〔2004〕第427号,2011年修订)为契机,加强财政监督立法成为我国法治国家建设的重要议题。

一、我国财政监督的法治化的内涵与现状

近年来,我国财政方面的违法犯罪问题屡禁不止,大案要案频发,公

共财政资金使用效率不高,并蕴藏相当严重的地方财政债务风险,这与我国财政监督查处力度相对薄弱有直接关系。由此,加强财政监督的法治化建设,保障公共财政安全高效,成为国家和社会各界关注的重心。

(一) 我国财政监督法治化的规范内涵

财政监督,即法定主体按照法定权限、程序,对公共财政收支行为及其后果进行的检查、督察、查处。① 财政监督法治化,就是要将所有的财政监督活动置于法律的约束之下,各监督主体依法积极行使国家监督权,既不失职渎职,也不越权滥权。在国家治理现代化背景下,监督法治化实乃法治国家建设的内在需要和重要环节,是由人大监督、行政监督、司法监督、社会监督等构成的有机整体。其中,人大监督贯穿预算、决算审议及执行情况的全过程,具有独立追责的外部刚性和整体把控的宏观特征,是财政监督的龙头。行政监督中的财政职能监督发挥着财政日常监督的主体作用,中央对地方政府的财政层级监督侧重于纵向督察、追责,深具传统优势,而作为专门监督的审计监督具有较高的独立性和较强的专业性,在财政监督中发挥着越来越重要的作用。与此同时,社会监督作为基础,司法监督作为保障,都是我国财政监督法治大厦不可缺少的重要组成部分。实现财政监督法治化,就必须坚持党的领导,改进财政监督立法,完善财政监督方面的体制、机制,在横向方面,整合人大、政府、监察、司法、社会等各个渠道、各个方面的监督力量,在纵向方面,加强中央政府对地方政府、上级政府对下级政府的财政层级监督,形成财政内部监督和外部监督相互配合的格局,以保障公共财政资金在合法、合理的法治轨道上高效运行。

(二) 我国财政监督的法治现状

目前,我国财政监督的法律体系框架基本成型。在我国,除《中华人民共和国宪法》(2018年修正)有关财政监督的个别授权条款之外,财政

---

① 刘剑文. 财政监督法治化的理论伸张与制度转型——基于财政民主原则的思考 [J]. 中国政法大学学报, 2019 (06): 169-179.

监督的法律依据主要来自预算法、监督法、审计法、《中华人民共和国税收征管法》（2015年修正）、《中华人民共和国政府采购法》（2014年修正）等法律文件中的相关规定。国务院制定的《财政违法行为处罚处分条例》是财政领域行政追责的基本依据，国务院财政主管部门还制定了《财政部门监督办法》（财政部令〔2012〕第69号）等多部规章和行政规范性文件。与中央财政立法相适应，近年来我国地方财政监督立法步伐也在不断加快，继湖南省出台全国第一个地方性财政监督法规——《湖南省财政监督条例》（湖南省第九届人大常委会公告〔2000〕第37号）以来，甘肃、吉林、西藏、福建、辽宁、广西、山东等二十多个省级地方先后颁行了财政监督条例。目前，我国地方财政监督已形成省级和较大市级人大立法、政府规章等地方财政监督规范体系。

　　从整体来看，目前，我国财政监督领域行政监督发挥着主导作用。鉴于我国单一制大一统的体制特点和传统国家治理的惯性经验，目前，我国财政监督是以国家行政机关为主导的监督，包括财政职能监督和审计专门监督。财政职能监督是政府财政部门在管辖区域内对所有公共财政收支行为及其后果的监督，涵盖层级监督、业务监督等类型。我国是单一制国家，根据宪法规定，中央政府对地方政府、上级政府对下级政府有领导的权责，由此，中央政府对地方政府、上级政府对下级政府在财政方面就有监督权，2019年，财政部改革专员办公室，在地方共设立了39个财政监管局，并扩展了其职能范围，大部分省级政府财政厅也在市县一级设立了监督办公室，这种基于上下行政管理层级的监督在我国财政监督中发挥着越来越重要的作用。财政部门的业务监督则在财政业务处理中进行着日常财政监督，及时发现问题，并交专职监督机构处理，二者紧密配合依法对本部门所有财政收支行为及其后果进行事中、事后监督。我国审计机关隶属于行政系统，根据宪法授权具有相对独立的执法地位，对所有公共财政资金收支行为及其后果的真实性、全面性、合法性进行事后监督。相对于财政职能监督，这种财政专门监督具有异体监督的特性，与财政职能监督机制、手段不同又相互补充，配合一致发挥对财政的行政监督的作用。

2018年，根据《中共中央关于深化党和国家机构改革的决定》，为加强党中央对审计工作的领导，更好发挥审计监督作用，组建了中央审计委员会，审计监督在我国财政监督中的地位和功能得到强化。

与此同时，在我国财政监督中，人大监督尚相对不足。根据宪法、监督法、预算法等法律的规定，我国各级人民代表大会，代表人民意志，其监督活动贯穿预算案的审议、决算审议、审计报告审议的全过程，各级人大及其常委会享有财政监督方面的崇高地位。然而，我国目前人大财政监督权力在规范层面和实践层面还有较大的差距，实践中，人大财政监督权力的行使存在能力和手段不足的问题。我国人大要真正发挥宪法和法律赋予的职能，亟待改进和完善各级人大及其常委会的能力手段和工作机制。加之，我国司法机关和社会公众介入财政监督的广度和深度都还非常有限。由此可见，目前我国财政监督属于行政主导型监督。

二、财政监督法治化的经验模式及其启示

（一）财政监督法治化的经验模式

世界各国根据各自的经济基础、政治制度、文化传统，形成了与本国相适应的财政监督制度。从实践来看，可以概括为立法型财政监督、司法型财政监督和行政型财政监督三种模式。

1. 立法型财政监督模式

立法型财政监督突出强调国家立法机关（如国会、议会）对国家公共财政行为实行监督，代表性的国家有英国、美国、加拿大等。[①] 在此模式下，议会在财政监督中处于中心位置，管理国家总预算及收支活动。例如，根据美国宪法，国会的一项重要权力即是直接控制国家预算，监督预算执行。加拿大议会由宪法授权审批国家预算、审查政府绩效考评结果。尤为重要的是，这些国家的审计机关隶属议会，独立于政府，实施事后审

[①] 财政部"财政监督"课题组. 财政监督 [M]. 北京：中国财政经济出版社，2003: 132.

计，并对议会负责。

2. 司法型财政监督模式

司法型财政监督强调国家司法机关依照法定职权与法定程序对国家机关及公职人员的财政行为进行监督，实施这种模式的国家有法国、德国、意大利、日本等，尤其重视具有司法性质的审计法院对国家财政活动的监督。此模式下，议会只对国家财政实施宏观监督，具有司法性质的检察机关和审计机关对财政监督具有较大职权。例如，意大利审计法院在独立于政府的同时，也独立于议会，对公共财务案件享有最终裁判权。法国虽然是中央集权的单一制国家，但其宪法赋予审计法院最高经济监督部门的地位，负责审计核查国家机关、国家公共组织机构和国有企业的财务与管理。

3. 行政型财政监督模式

行政型财政监督主要由国家行政机关对公共财政行为实施财政监督，典型的国家有瑞典、瑞士、丹麦等。例如，瑞士联邦审计局在组织上是一个行政机构，但它是国家最高财政监督部门，对联邦的财政收支进行经常性监督检查。再如，巴西财政部的重要职责是加强国家预算执行和监督，其中的国库总局作为财政部直属机构，直接负责国家预算执行、控制财政支出、保持国库收支平衡等。①

上述立法型财政监督、司法型财政监督和行政型财政监督各有不同的制度特点，呈现出不同的制度优势及劣势（见表4）。

表4 财政监督的三种模式

制度类型	优势	劣势	代表性国家
立法型	独立性、权威性	行政机关不能及时掌握有关信息，造成监督效率不高，力量有限	英国、美国、加拿大、澳大利亚、新西兰

---

① 财政部干部教育中心. 现代财政监督研究［M］. 北京：经济科学出版社，2017：87.

续表

制度类型	优势	劣势	代表性国家
司法型	独立性、公正性与客观性	是一种事后监督，难以做到事前的防范和事中的跟踪控制	法国、西班牙、德国、意大利、日本、希腊
行政型	及时性、高效性	缺乏独立性、透明度和社会认同感	瑞典、瑞士、丹麦、墨西哥、韩国

从演进历程来看，上述三种类型的监督制度，具体到某一个国家也并不是绝对单一的，即许多国家在保留其财政监督体制底色的同时，也注重兼采他国优长，协同多元的财政监督制度效能。例如，美国主要是议会监督，却也重视行政监督，其财政部内设有一名财政总监，负责对全美宏观财政政策的运行和重大财政违法违纪问题进行监督检查。再如，法国的审计法院是国家最高的经济监察机关，同时法国财政部门设有财政监督专员、税务稽查等对财政收支情况进行监督。

(二) 域外财政监督法治化的经验启示

通过典型国家财政监督法治内容与形式的比较，我们可以发现，由于经济基础和国体、政体等方面存在的差异，各国财政监督呈现出不同的模式特征，但也不乏相通的地方。这些经验与启示，主要包括以下内容。

1. 注重财政监督立法的权威性，构建完整的财政监督法律体系

各国大都通过完善的法律来调整财政监督职能，同时，注重立法的可操作性和及时性，既能以立法的形式对财政监督主体依法履行职责提供保障，又能与时俱进及时修订法律，从而不断完善财政监督法制。

一是注重财政监督法律的权威性，通过法律明确规范财政监督主体的职责、权限。例如，德国、意大利等均在宪法中明确了财政监督的要求，波兰在《公共资金法》《税务监督法》中明确了对财政收支实施监督检查的规定；澳大利亚制定专门的《财务管理和责任法案》，全过程控制资金

申请、拨款、支付行为，并规定了操作性很强的处罚条款。

二是财政监督法律体系完备。许多国家大都制定了财政监督基本法和一系列的财政监督法律法规，形成了较为健全的财政监督法制体系。例如，日本根据宪法逐步构建起以财政法为主干，以《国有财产法》《会计检查院法》为补充的财政监督法律制度体系。

三是重视财政监督立法与时俱进。一方面，各国总是及时修订法律，为财政监督主体依法履行职责提供保障，例如，英国《财政审计法》，建立了直接向议会负责的独立的审计部门。另一方面，各国十分注意制定绩效法律，从而不断完善财政监督法制。例如，美国通过的《美国政府绩效与成果法》，启动了项目绩效改革与监督。这对提高财政监督效率，保障财政监督正常运行具有重要作用。

2. 侧重财政监督内容一体化，打造立体的现代化监督机制

在完备的监督体系和健全的法制基础上，大多数国家还建立了系统全面、运行规范的现代财政监督机制，主要表现在财政监督的程序和手段等方面。

一是全过程财政监督。各国财政监督均贯彻于财政收支活动的全过程，在此基础上侧重于对财政支出的监督。围绕现代财政制度的要求，建构对财政运行进行监测、预警、分析、保障、规范等多功能的财政监督运行机制和监控体系，财政监督覆盖事前审核、事中跟踪问效、事后检查考评的全过程。例如，法国的财政监督重视把财政预算执行情况作为财政监督的重点的同时，还加强了对监督人员的再监督，形成了相互制约的控制系统。又如，瑞典对财政支出的监督，事前主要监督检查财政资金科学性、合理性，事后主要监督资金效益。

二是重视开展财政绩效监督。各国除了注重监督的全面性外，还注重以绩效为核心。各国对财政资金绩效的监督检查一般是通过审计方式来实现的。澳大利亚是世界上开展绩效监督管理较早的国家之一，其联邦审计署设有专业的绩效审计机构，并且，绩效审计与财务审计往往结合进行。近年来，联邦审计署的绩效审计取得了较好成绩，对节约使用财政资金、

<<< 第八章 国家治理现代化背景下我国财政监督法治化的模式改进及其实践路径

提高部门运作效率起到了很好的促进作用。瑞典政府早在20世纪70年代就开始推行公共支出绩效评价工作,其绩效评价以"目标经营结果管理"为主要内容。

三是加强内部监督,完善财政内控机制。纵观国外,内部监督得到世界各国的普遍重视。一个明显特点是各国都建立了专门内部监督机构,虽然各国内部监督机构名称各不相同,但各国都按照法律的规定设立内部监督机构。内部监督人员具有广泛的职权,可以随时查询其他单位的财务收支信息,并及时予以纠正。并且,各国内部监督机构都具有较强的独立性。

三、我国财政监督法治化的实践路径

（一）我国财政监督法治化的模式改进

如上所述,目前我国财政监督起主要作用的是审计监督和财政专职监督,而人大的财政监督权相对弱化,社会监督相当有限。这种行政主导的监督模式下,监督主体缺乏必要的独立性,容易导致政府失去外在约束,使财政监督走向"共谋""偷懒",造成财政监督低效的不良后果。并且,这种行政主导的财政监督模式,是在原来计划经济体制下形成的,显然,已经难以适应新时代市场经济体制的内在要求。我国各级人民代表大会作为国家权力机关,代表人民意志,集中行使国家权力,其监督活动贯穿决算案审议、审计报告审议的全过程,相对于财政职能监督的内部性,人大及其常委会的财政监督具有独立追责的外部刚性;相对于审计监督的专门性,人大及其常委会的财政监督具有整体把控的宏观特征。同时,相对于中央对地方的层级监督,人大及其代表对同级政府的监督还具有明显的信息优势,能够及时发现问题尽快处理。可见,从我国根本政治制度的初衷来看,人大及其常委会的监督在整个国家监督体系中具有龙头的地位,发挥着不可替代的中枢作用。我国作为单一制大国,地区之间经济、社会发展很不均衡,近年来中央对地方的财政转移支付规模已达到整个国家财力的40%,由此,强化中央对地方政府的财政监控也是势在必行的。因此,

随着我国民主法治的推进，我国行政型财政监督模式需要向人大与行政兼顾的纵横立体化财政监督模式转进，实现财政的人大监督与行政监督、司法监督、社会监督相互协调的监督形态。这种复合型模式的要点在于以人大的外部刚性问责监督倒逼政府内部追责监督，以审计机关独立的专职监督保障所有公共财政收支行为合法合规，以中央对地方的巡视督察促进公共财政的使用绩效。

1. 充分发挥人大对同级政府的横向监督作用

我国财政监督法治化的重心在于，坚持党对财政工作的全面领导，补充人大财政监督制度，做实人大的财政监督权，把人大的财政监督从形式化推进到实质化，达成人大预算对政府行为的刚性约束，充分发挥人大对同级政府的横向监督作用。[①] 结合预算法修改后的最新要求，我们整体的思路是改进全国各级人大预算审查和监督的专门机构，拓展人大财政监督的渠道，加强各级人大预决算审批和监督工作。近年来各地人大已经积累了大量有效的实践经验，具体内容包括以预算草案初步审查、部分修正为主要抓手的预算审议监督，以规范预算调整为主要内容的预算执行监督，以审计查出问题整改情况向人大常委会报告为关键环节的决算监督。与此同时，结合党中央的最新布置，还要建构人大预算审查监督重点向支出预算和政策拓展机制，完善预算审议前听取人大代表和社会各界意见建议机制，探索民主恳谈和参与式预算机制。当然，加强人大财政监督的基础性配套制度，还有待央地之间事权、支出责任与财权、财力的规范划分和匹配，完善权责对称的政府间财政关系。

2. 改进审计专职监督，加强政府内部纵向监督，打造纵横一体的立体化现代监督体制

首先，系统改进审计专门监督。世界不少国家的审计机关是独立于政府运作，高效精干地开展监督。根据我国宪法第九十一条和一百零九条的规定，目前我国各级审计机关设立在各级政府内，在政府首长的领导下，

[①] 樊丽明，石绍宾. 中国人大预算监督40年：进程、趋向与逻辑 [J]. 财政研究，2021 (02)：36-43.

<<< 第八章 国家治理现代化背景下我国财政监督法治化的模式改进及其实践路径

对各级政府及各部门的财政收支进行审计监督,其独立执法地位相对不足,其执法手段、机制、程序尚有待充实。为此,我国亟待深化审计领导体制和机制系统改革,在2018年设立中央审计委员会的基础上,落实2021年新修订的审计法,进一步充实审计机关权能,全面优化审计署职责,改革审计管理体制,保障审计机关依法独立行使监督权力,构建统一高效的审计监督体系。

其次,加强财政专职监督,完善政府内部纵向监督的权能及机制。世界各国普遍重视政府内部的纵向监督,大都按照法律的规定在政府设立了内部专职监督机构。我国于2019年在财政监督专员办的基础上组建了新的财政监督局,这无疑将大幅提升我国财政专职监督的效能,今后还须在充实纵向监督机构权能的基础上保障其执法的独立、高效。[①] 尤其是新时代以来,中央加强了对地方的巡视监督和行政督察,极大地保障了中央政令的统一贯彻,保证了财政政策的高效落实,我们必须抓紧相关制度建设,促进行政纵向监督的常规化、法治化。

总之,我们要积极推进人大与行政兼顾的纵横立体化财政监督模式,以保障将财政监督贯彻于财政收支活动的全过程,做到事前的预算监督与事中的职能监督和事后的审计监督、纪检监督相结合,对所有公共财政收支行为进行全过程监督。

(二) 我国财政监督法治化的实践面向

1. 建构科学、规范、统一的财政监督法律体系

法律是治国之重器,良法是善治之前提,由此,我们有必要全面推进财政监督立法建设,完善财政监督法律体系,发挥立法的引领和推动作用。近年来,我国财政监督立法步伐不断加快,预算法、审计法已经大幅修正颁行。为了提高财政监督的权威性和规范性,当务之急,在于制定财政监督领域的基本法律依据。我们应当在实践经验成熟的基础上系统修订

[①] 马蔡琛,赵笛. 中国预算管理改革的回顾与展望——"十三五"改革评估与"十四五"发展路径 [J]. 求索, 2021 (02): 151-159.

195

《财政违法行为处罚处分条例》，抓住时机提请全国人大常委会制定《财政监督法》，或在筹划的《财政基本法》中规定财政监督的基本内容，同时，完善财政方面的行政法规、部门规章和地方性法规、规章，形成以财政监督基本法统帅下的法律、行政法规、地方性法规与规章的科学、规范、统一的有机法律体系。①

长期以来，国务院制定的《财政违法行为处罚处分条例》充当了我国财政监督领域主干性基本依据的角色。目前，《财政违法行为处罚处分条例》的修改，已经提上正式议程，实务界和理论界存在大修和小修的不同看法。② 我们欣喜地看到，在党中央提出"全面落实税收法定原则"的要求后，理论部门和实务部门齐心合力，现已将大部分税收暂行条例升格为法律，借此春风，实现财政法治也必然要求将原来的财政监督条例升格为法律。我们主张应借《财政违法行为处罚处分条例》修改的契机，对该法进行系统修订，并在适当时机由国务院提请全国人大制定《财政监督法》，全面规定财政监督主体的职责权限、机制程序以及监督责任等内容，以此作为财政监督的通则性依据。为此，我国需要对该法的立法目的进行重新定位。立法目的是立法活动的价值选择、功能定位，原《财政违法行为处罚处分条例》将立法目的规定为纠正财政违法行为，维护国家财政经济秩序。显然，该法重在对财政违法行为的惩处，在对财政违法行为法律责任承担方面，"纠正"的表述又显得过于单一。问题在于，该法的立法目的定位不清晰。惩处财政违法行为只是财政监督的部分内容，然而，对财政违法行为的追责，除了该条例的规定外，还散布于预算法、税收征管法、会计法与审计法等多个财政法律文件之中，那么，《财政违法行为处罚处分条例》的功能是补充漏洞与具体化，还是行政监督追责的通则法？鉴于我国财政监督领域基本法律规范欠缺的现状，相比补充漏洞及具体化功

---

① 顾德瑞. 中央规制地方财政的工具选择与法律配置研究［M］. 北京：中国社会科学出版社，2020：165.
② 王桦宇. 论人大预决算审查监督权的实质回归［J］. 法学评论，2017，35（02）：99-113.

<<< 第八章 国家治理现代化背景下我国财政监督法治化的模式改进及其实践路径

能,让该法发挥财政监督通则法的功能更为重要。所以,我们认为应该将立法目的调整为加强财政监督管理,纠正和惩罚财政违法行为,保障财政资金安全、规范、高效使用。并基于这一立法目的,我们重构该法的整体内容,并划分章节,形成体系。与此同时,还需要将该法与相关法律、法规不一致的规定进行妥善处理,消除矛盾冲突的条款,并及时将新出现的财政违法行为纳入调整范围,以保证法律体系的有机完整。

2. 进一步明确各财政监督主体的职责权限,改进财政监督协调合作机制

第一,进一步明确财政监督主体的职责权限。2018年党中央颁布的《深化党和国家机构改革方案》中,进一步明确了各级人大及其常委会对同级财政预算、决算的监督权,并充实了审计机关的财政监督职能,目前,加强中央对地方、上级政府对下级政府的财政监督效能,正成为各界关注的重心,中央巡视、督察工作也正向常规化、高效化迈进。为此,财政部和审计署在各省级地方设立了监督派出机构,各省级政府财政厅和审计局也在市县一级设立了监督派出机构,财政部门和审计机关还内设专门监督机构,行使专职监督职能,目的都在于加强中央政府对地方政府、上级政府对下级政府以及本级政府内部财政收支行为的监督。然而,这些机构是否具有独立的执法主体资格? 这在理论上有不同的观点,在实践中也有不同的探索。我们认为,基于国务院作为国家最高行政机关的地位,根据宪法和法律规定,有权授予派出机构和内设机构行政执法资格。据此,我们可以借鉴税收征管法授权税务稽查局执法资格这一经验,依法赋予省级以上派出机构和内部专职机构独立执法主体资格。在此前提下,进一步明确财政、审计派出机构和内部监督专门机构的财政监督检查的权限和职责,配备必要的监督手段,以保障其执法的高效能。

第二,完善财政监督机构协调合作的联动机制。财政、监察、审计、税务等部门应当加强信息沟通,共享相关资信材料。财政部门、审计机关及其他有关机关应当加强配合、沟通,积极协作,这有利于减少执法成本,提高执法效率。

3. 健全财政监督的措施、手段和程序

第一，在规制措施方面，克服片面强调惩罚的倾向，形成激励与惩罚相结合的机制，共同致力于财政领域良法善治的形成。一是将财政违法行为的处罚处分与财政管理相结合，把监督结果作为预算安排的重要参考依据；二是加大财政资金使用绩效的风向标作用，奖优罚劣；三是丰富激励方式类型，除资金激励外可增加精神激励、晋升激励、优惠政策激励等种类。

第二，在监督手段方面，进一步明晰财政违法行为的类别与界限，完善过罚相当的惩处机制，针对企业、个人的财政违法行为，因其属于行政相对人的范围，可以对其进行行政处罚；针对国家机关及其工作人员的违法行为，应该以行政处分和政纪处分为主，并辅之以特定的处罚方式，在处罚方式上，不适宜采用罚款、行政拘留等方式，相比之下，警告、没收违法所得两种处罚方式则可以适用于国家机关及其工作人员的违法行为，但也应注意与《行政处罚法》相协调。

第三，在监督方式、程序方面，应充实财政监督方式，完善财政监督程序，把监督的范围和监督的重心由现行单纯地依靠行政手段的事后检查型监督逐步向公正、独立的财政管理型监督转变；由现行的微观、具体事物型监督向宏观、微观监督并重转变；大力推进财政监督网络化、信息化建设；建构社会公众参与财政监督的有效机制手段，引入新闻媒体和中介机构的监督。与此同时，完善财政监督的程序，切实做到流程清楚、要求具体，使财政监督工作各个环节有章可循。

4. 完善财政监督内部追责、外部问责机制

一是完善内部追责机制。严格的内部追责是做实财政监督的基础性环节，由此，必须强化财政部门、审计机关的行政首长财政监督的领导责任，并设置独立的内部追责机构和专门的追责岗位，明确财政监督人员的责任权限，对本系统全部人员实行考核追责制度，完善对财政部门、审计机关及其工作人员玩忽职守、滥用职权、徇私舞弊等违法行为的查处机制。财政部门、审计机关的工作人员玩忽职守、滥用职权、徇私舞弊或者

泄露国家秘密、商业秘密的，对其行政处分要严格规范，具有可操作性，对构成犯罪的严重行为，应及时依法移送司法机关追究刑事责任，并加强司法机关对财政犯罪行为的刑事惩罚力度。[1]

二是严格落实各级政府首长财政监督的领导责任。习近平主席在中央全面依法治国工作会议上提出的"十一个坚持"，明确强调要坚持抓住领导干部这个"关键少数"。在财政监督领域，县级以上人民政府应当加强对财政监督工作的领导，督促财政部门、审计机关依法履行监督职责，对本辖区各部门、各单位的财政违法行为，不得纵容、包庇、袒护。各级主管领导干部要切实遵循法律和党纪的规定，严格执行监察法、《中华人民共和国公务员法》（2018年修订）、《中华人民共和国公职人员政务处分法》（2020年通过）和《关于实行党政领导干部问责的暂行规定》，对因有令不行、有禁不止、失职渎职等行为，导致重大责任事故、事件的，要依法依纪严肃追究有关部门首长和分管领导的责任。

三是加强外部问责机制。刚性的外部追责是压实财政监督的重要保障，在内部监督的基础上，还要加大外部监督力度。县级以上人民政府及其财政部门、审计机关实施财政违法行为处罚处分，应当接受本级权力机关的监督。县级以上政府向本级人大及其常委会专项报告财政工作时，应当一并报告财政监督情况。各级人民代表大会及其常委会根据宪法和监督法规定的权限，对在财政监管领域有重大违法情形的政府领导人员依法罢免。

总之，财政监督法治化作为我国法治国家建设的重要一环，目前正受到党和国家及社会各界的热切关注，这自然与财政作为国家治理的基础和重要支柱的突出地位紧密关联。从近代世界范围法治国家演进的逻辑中也可以看出，只有控制了政府的"钱袋子"，才能控制住政府的所有行为。中国特色社会主义法治国家的财政监督事业，"控制钱袋子"也仅仅是手段，目的还在于促进充分发挥公共财政资金的正向效应，服务中华民族复

---

[1] 杨楠.过程视角下政府问责效能提升的路径选择［J］.云南社会科学，2021（03）：26-33.

兴的伟大事业。因此，中国特色的财政监督模式，不但要善于吸纳他国的有效经验，还要勇于从中华传统国家治理中吸取养料并转化为智慧。如果说，来自他国的经验主要在于横向的民主监督，那么，传统的智慧则主要在于纵向的行政监督，由此，人大与行政兼顾的纵横立体化财政监督模式之建构，就是一种"洋为中用、古为今用"相结合的实践结晶。其中，进一步明确各财政监督主体的职责权限，并做实内部追责、外部问责机制就成为重心所系。凭着对实践理性的稳健把控，随着以《财政基本法》为纲的科学、规范、统一的财政监督法律体系的完善，财政监督法治化也就水到渠成了。

参考文献

一、中文文献

（一）专著类

[1] 陈新民. 德国公法学基础理论：上、下 [M]. 济南：山东人民出版社，2001.

[2] 童之伟. 法权与宪政 [M]. 济南：山东人民出版社，2001.

[3] 林来梵. 从宪法规范到规范宪法 [M]. 北京：法律出版社，2001.

[4] 刘剑文，熊伟. 税法基础理论 [M]. 北京：北京大学出版社，2004.

[5] 靳东升. 依法治税——中央与地方税权关系研究 [M]. 北京：经济科学出版社，2005.

[6] 金国坤. 行政权限冲突解决机制研究——部门协调的法制化路径探寻 [M]. 北京：北京大学出版社，2010.

[7] 何华辉. 比较宪法 [M]. 武汉：武汉大学出版社，1988.

[8] 季卫东. 宪政新论 [M]. 北京：北京大学出版社，2002.

[9] 王浦劬. 中央与地方事权划分的国别研究及启示 [M]. 北京：人民出版社，2016.

[10] 龚祥瑞. 比较宪法与行政法 [M]. 北京：法律出版社，2003.

[11] 徐阳光. 政府间财政关系法治化研究 [M]. 北京：法律出版社，2016.

[12] 韩旭，涂锋. 中央、地方事权关系研究报告 [M]. 北京：中国

社会科学出版社, 2015.

[13] 韩大元. 亚洲立宪主义研究 [M]. 北京: 中国人民公安大学出版社, 1996.

[14] 熊文钊. 大国地方——中国中央与地方关系宪政研究 [M]. 北京: 北京大学出版社, 2005.

[15] 陈少英, 等. 财产税法论 [M]. 北京: 法律出版社, 2019.

[16] 公丕祥. 中国的法制现代化 [M]. 北京: 中国政法大学出版社, 2004.

[17] 王人博. 宪政的中国之道 [M]. 济南: 山东人民出版社, 2003.

[18] 何增科, 等. 基层民主和地方治理创新 [M]. 北京: 中央编译出版社, 2004.

[19] 周刚志. 论公共财政与宪政国家 [M]. 北京: 北京大学出版社, 2005.

[20] 张千帆. 国家主权与地方自治——中央与地方关系的法治化 [M]. 北京: 中国民主法制出版社, 2012.

[21] 任进. 比较地方政府与制度 [M]. 北京: 北京大学出版社, 2008.

[22] 胡建淼. 比较行政法——20国行政法评述 [M]. 北京: 法律出版社, 1998.

[23] 谭波. 央地财权、事权匹配的宪法保障机制研究 [M]. 北京: 社会科学文献出版社, 2018.

[24] 黄韬. 中央与地方事权分配机制 [M]. 上海: 上海人民出版社, 2015.

[25] 封丽霞. 中央与地方立法关系法治化研究 [M]. 北京: 北京大学出版社, 2008.

[26] 张翔. 宪法释义学: 原理 技术 实践 [M]. 北京: 法律出版社, 2013.

[27] 吉村源太郎. 地方自治 [M]. 朱德权, 译. 北京: 中国政法大

学出版社，2004.

[28] 布坎南. 民主财政论 [M]. 穆怀朋，译. 北京：商务印书馆，1993.

[29] 波斯纳. 法律的经济分析 [M]. 蒋兆康，译. 北京：中国大百科全书出版社，1997.

[30] 布伦南，布坎南. 宪政经济学 [M]. 冯克利，秋风，王代，等译. 北京：中国社会科学出版社，2004.

[31] 布坎南. 民主过程中的财政 [M]. 唐寿宁，译. 上海：上海三联书店，1992.

[32] 埃尔金，等. 新宪政论 [M]. 周叶谦，译. 上海：上海三联书店，1997.

（二）期刊类

[1] 刘剑文，侯卓. 事权划分法治化的中国路径 [J]. 中国社会科学，2017（02）.

[2] 叶必丰. 行政组织法功能的行为法机制 [J]. 中国社会科学，2017（07）.

[3] 徐阳光. 论建立事权与支出责任相适应的法律制度——理论基础与立法路径 [J]. 清华法学，2014，8（05）.

[4] 秦前红，付婧. 我国地方财政自主的公法保障 [J]. 甘肃社会科学，2016（02）

[5] 熊文钊，史艳丽. 试论行政组织法治下的行政体制改革 [J]. 行政法学研究，2014（04）.

[6] 熊伟. 地方债与国家治理：基于法治财政的分析径路 [J]. 法学评论，2014，32（02）.

[7] 朱大旗，李帅. 法治视野下的司法预算模式建构 [J]. 中国社会科学，2016（10）.

[8] 杨海坤，金亮新. 中央与地方关系法治化之基本问题研讨 [J]. 现代法学，2007（06）.

[9] 苗连营. 税收法定视域中的地方税收立法权 [J]. 中国法学, 2016 (04).

[10] 王建学. 论地方政府事权的法理基础与宪法结构 [J]. 中国法学, 2017 (04).

[11] 李忠夏. 法治国的宪法内涵——迈向功能分化社会的宪法观 [J]. 法学研究, 2017, 39 (02).

[12] 胡萧力. 财政分权与我国地方政府角色的再认识——地方化与辅助性原则的视角 [J]. 东方法学, 2017 (05).

[13] 李森. 试论公共产品受益范围多样性与政府级次有限性之间的矛盾及协调——对政府间事权和支出责任划分的再思考 [J]. 财政研究, 2017 (08).

[14] 王桦宇. 论财税体制改革的"两个积极性"——以财政事权与支出责任划分的政制经验为例 [J]. 法学, 2017 (11).

[15] 李楠楠. 从权责背离到权责一致：事权与支出责任划分的法治路径 [J]. 哈尔滨工业大学学报（社会科学版），2018, 20 (05).

[16] 郑毅. 论中央与地方关系中的"积极性"与"主动性"原则——基于我国宪法第3条第4款的考察 [J]. 政治与法律, 2019 (03).

[17] 李春根, 舒成. 基于路径优化的我国地方政府间事权和支出责任再划分 [J]. 财政研究, 2015 (06).

[18] 郭昌盛. 基于立法实践的税收立法目的条款省思 [J]. 重庆社会科学, 2020 (02).

[19] 张圆. 论地方事务设定的合法性要件 [J]. 法学杂志, 2020, 41 (01).

[20] 宣晓伟. 推进中央和地方事权划分的法治化 [J]. 中国党政干部论坛, 2015 (10).

[21] 刘连泰. 中国合宪性审查的宪法文本实现 [J]. 中国社会科学, 2019 (05).

[22] 王旭. 作为国家机构原则的民主集中制 [J]. 中国社会科学,

2019（08）.

［23］施正文.税法总则立法的基本问题探讨——兼论《税法典》编纂［J］.税务研究，2021（02）.

［24］徐键.分权改革背景下的地方财政自主权［J］.法学研究，2012，34（03）.

［25］白晓峰.预算法视角下的中央与地方关系——以事权与支出责任分配为中心［J］.法商研究，2015，32（01）.

二、英文文献

［1］RACHETER D P，WAGNER R E（edited）.Politcs, taxation, and the rule of law［M］.Boston：Kluwer Academic Publisher，2002.

［2］TRIBE L H.American constitutional law［M］.New York：The Foundation Press，1978.

［3］RAKOWSKI E.Can wealth taxes be justified［M］.SSRN Electronic Journal，2000.

［4］SOHN I.Asian financial cooperation：the problem of legitimacy in global financial governance［J］.Global Governance，2005（11）.

［5］NAKAGAWA J.Reconstructing Global monetary financial governance：beyond the bretton woods system［J］.Japanese Yearbook of International Law，2010.

［6］WERTHRIMER F，MANES S W.Campaign finance reform：a key to restoring the health of our democracy［J］.94 Columbia Law Review，1994.